77 Dream Songs
cantos del sueño

Primera edición: febrero, 2019
The Dream Songs: Poems by John Berryman
Copyright © 1969 by John Berryman
Copyright © renewed 1998 Kate Donahue
Published by arrangement with Farrar, Straus and Giroux, New York.
© de la traducción: Andrés Catalán y Carlos Bueno Vera, 2018

© Vaso Roto Ediciones, 2019
España
C/ Alcalá 85, 7º izda.
28009 Madrid

vasoroto@vasoroto.com
www.vasoroto.com

Grabado de cubierta: Víctor Ramírez

Queda rigurosamente prohibida, sin la
autorización de los titulares del *copyright*,
bajo las sanciones establecidas por las leyes,
la reproducción total o parcial de esta obra
por cualquier medio o procedimiento.

ISBN: 978-84-120099-5-8
BIC: DCF

John Berryman
77 Dream Songs / cantos del sueño

Traducción de Andrés Catalán y Carlos Bueno Vera
Introducción y notas de Andrés Catalán

Vaso Roto / Ediciones

Introducción

Encaramándose a la helada barandilla del puente de la avenida Washington sobre el Mississippi a su paso por Minneapolis, la mañana del 7 de enero de 1972, el poeta John Berryman —según el relato de los testigos oculares— mira frente a sí y, aunque ha acudido solo, agita una de sus manos con el brazo alzado, en un gesto de despedida o de saludo. Después se arroja al vacío de treinta metros que lo separan de la orilla oeste de un río gris y casi congelado. Horas después su madre telefonea al editor y amigo del poeta desde los años de universidad, Robert Giroux: «Bob, John ha desaparecido bajo el agua». Al principio Giroux no entiende a qué se refiere. Jill Berryman (antes Martha, se había cambiado el nombre a petición de su segundo marido), siempre había tenido una manera bastante teatral de anunciar las cosas. Durante un tiempo, además, se negó a creer que su hijo se hubiera lanzado al río y que su muerte no fuera fruto de un accidente. Sólo habían pasado algunos días, sin embargo, desde el anterior intento de suicidio del poeta, atormentado por un alcoholismo desatado y unas crisis nerviosas que, durante los últimos años de su vida, le suponían al menos un largo internamiento hospitalario anual. Tampoco se trataba de su primera tentativa de suicidio —lo había intentado por primera vez hacía mucho tiempo, cuando sólo contaba con 17 años— ni era ni mucho menos el único escritor de su generación en abandonar el mundo de forma prematura. De hecho, muchos de los *Cantos del sueño* —como se llamaría el volumen compuesto por estos *77 Cantos del sueño* publicado en 1964 y *Su juguete, su sueño, su descanso*, que añade cuatro años más tarde otros 308 cantos— son elegías a la creciente lista de amigos y colegas escritores que durante aquellos años acabaron con su vida o murieron prematuramente, muchos como consecuencia de la adicción o de distintos tipos de trastornos mentales: H. Hemingway, D. Schwartz, R. Jarrell, T. Roethke, L. MacNeice, S. Plath, Dylan Thomas... Auden, muy maliciosamente, sembró el rumor, a raíz de la muerte de Berryman, de que su nota de suicidio solamente decía «Tu turno, Cal», pese a lo cual Robert Lowell —al que afectó profundamente la muerte de su amigo— sería el único de toda esa generación del medio siglo en llegar a los 60 años: pocos meses después de cumplirlos un taxista lo sorprendió muerto en el asiento trasero de su coche, abrazado al retrato de la esposa que acababa de abandonar para volver con su ex mujer, a cuya casa se dirigía. «Pero en realidad nuestra vida fue la misma, / la genérica / que ofrecía nuestra generación», dejó dicho Lowell en uno de sus últimos poemas.

Pero la muerte que marcaría la vida y la obra de John Berryman, nacido John Allyn Smith Jr. en un pequeño pueblo de Oklahoma en 1914, fue la de su padre. Durante la infancia del poeta la familia se dedica a dar tumbos a lo largo de la rural Oklahoma siguiendo a John Allyn Smith padre en sus trabajos como empleado de banca, hasta que en 1925 el *boom* del mercado de los terrenos en Florida lleva a la familia a vender algunas propiedades y abrir un restaurante en Tampa. El posterior pinchazo de la burbuja econonómica provoca que a los pocos meses la familia se vea forzada a vender el negocio por un tercio de la cantidad que habían desembolsado. Las tribulaciones posteriores se ven agravadas por la incipiente relación de Martha con un vecino casado y de mayor edad, John Angus Berryman, y a una aventura fugaz de John con una mujer cubana, que pronto desaparece (con buena parte del dinero que quedaba). Se suceden discusiones, peleas, acuerdos de divorcio, paseos solitarios por la playa revolver en mano, depresión, angustiosos baños mar adentro. Una mañana John Allyn amanece muerto en el patio trasero de la casa con un disparo en el pecho y un calibre 32 a su lado. Nunca estuvieron muy claras las circunstancias: la policía tendía a no hacer demasiadas averiguaciones en el contexto del enorme batacazo económico en el que todos los días se producía algún suicidio. El caso es que a los pocos meses Martha y John Angus Berryman se casan y la familia se muda a Nueva York. El pequeño John toma el apellido de su padre adoptivo. Tiene tan sólo 12 años y nunca perdonará a su padre el acto violento con el que lo había abandonado. Durante toda su vida luchará con la incomprensión y la rabia, acosado por terribles pesadillas, obsesionado con las razones del suicidio y la naturaleza de su propia vida, desde entonces, en cierto modo huérfana.

Será precisamente el libro *77 cantos del sueño* adonde le lleve la búsqueda del fantasma de su padre y donde más obvia sea la presencia del mismo: un alucinado discurso donde Berryman aborda el alcoholismo, las pesadillas, la violencia física y verbal, el egoísmo, las crisis nerviosas, la lujuria, el deseo desmedido, las infidelidades y un perenne sentimiento de culpa y abandono. Comenzados en 1955, se publicarían en 1964 para al año siguiente recibir el Premio Pulitzer, situando a Berryman como uno de los poetas más importantes de la década. Ya era, sin embargo, un escritor conocido. Interesado por vez primera en la poesía en los años de estudio en la universidad de Columbia, había dado sus primeros pasos bajo la tutela de Mark Van Doren, estudiado en Cambridge, conocido a Yeats y Dylan Thomas y publicado algunos libros antes de que su *Homage to Mistress Bradstreet* de 1956 fuera calificado como «el más destacado poema largo escrito por un norteamericano desde *La tierra baldía*» y «el poema histórico más ingenioso escrito en lengua inglesa». Fue uno de los poemas más celebrados de los 50, pero sería eclipsado por los volcánicos y desmedidos *77 cantos del sueño* de la década siguiente. Robert Lowell, cuyos libros a partir de 1967 están muy influidos por Berryman, se referiría a ellos en estos términos en una reseña al poco de su publicación:[1]

> *Cantos del sueño* es más grande y más descuidado. El escenario es contemporáneo y está atestado de referencias a nuevos objetos, política mundial, viajes, bajos fondos y música negra. Su estilo es un conglomerado de estilo elevado, berrymanismos, jerga de la negritud y de los *beats* y balbuceos infantiles. El poema está escrito en secciones de dieciséis versos distribuidos en tres estrofas. No hay mucha secuenciación y a veces una sola sección se expande en tres o cuatro partes distintas. Al principio la mente sufre y se bloquea ante tanta oscuridad, desorden y extrañeza. Con el tiempo, las situaciones repetidas y su atrevido parloteo resultan más y más entretenidos, aunque incluso ahora no confiaría en poder parafrasear con precisión ni siquiera la mitad de las secciones.
>
> Los poemas son demasiado difíciles, recargados y dislocados para poderse cantar. Se denominan *cantos* paródicamente porque abundan los fragmentos de *minstrels* [...]. Los sueños no son sueños de verdad sino una despierta alucinación en la que cualquier cosa que pudiera haberle sucedido al autor puede ser usada de forma aleatoria. Cualquier cosa que haya visto, oído o imaginado puede pasar a formar parte de la misma. Los poemas son sobre Berryman, o más bien sobre un sujeto al que llama Henry. Henry es Berryman tal y como se ve a sí mismo, un *poète maudit*, niño y marioneta. Se ve abrumado por una mezcla de ternura y absurdo, patetismo e hilaridad, que habría resultado imposible si el autor hubiera hablado en primera persona.

Los poemas son así un mosaico expresionista constituido por los «sueños» de Henry, yo lírico y protagonista, al que a veces se alude como Henry Minino, Henry House, Henry Handkovitch o más frecuentemente Sr. Huesos. Un antihéroe absurdo, irresponsable, victimista, vulnerable, obsesionado con la muerte y vehementemente acosado por la culpa. De Henry, Berryman decía en la nota a la edición completa de *Los cantos del sueño* de 1969: «el poema [...] trata esencialmente de un personaje imaginario (no el poeta, no yo) llamado Henry, un americano blanco de mediana edad a veces en *blackface* [el maquillaje exagerado de los espectáculos de *minstrel*], que ha sufrido una pérdida irreparable y habla de sí mismo a veces en primera persona, a veces en tercera, a veces incluso en segunda; tiene un amigo, al que nunca se nombra, que se dirige a él con el nombre de Sr. Huesos o variantes del mismo».

En última instancia, lo que esta estrategia de apantallamiento y desdoblamiento de voces le permite a Berryman es una mayor libertad en la dicción, legitimando el uso de ciertas palabras que en una única voz directamente identificable con el autor resultarían disparatadas, prosaicas o sensibleras. En ese sentido, como señala Robert Pinsky,[2] «aunque nos pueda parecer que los estallidos sintácticos del balbuceo infantil o del *minstrel* tengan alguna implicación particular, el lenguaje de Berryman parece nacer ante todo de una necesidad del poeta de un vocabulario que no le constriña o le avergüence». Lo coloquial y la sintaxis retorcida, la mezcla de alegoría cristiana, parodia, juegos de palabras, lapsus, lenguaje onírico y parloteo neurótico sirven de excusa para el estilo elevado de ciertos versos de pretensiones shakespearianas y viceversa, todo ello servido en un ejercicio de ironía constante que parece estar pidiendo permiso para esa amalgama de registros. Una consideración adicional merece el recurso al uso en diálogo de los dos personajes —Henry/Sr. Huesos y el amigo anónimo— como personajes de espectáculo de *minstrel*, en una forma que le permite a Berryman transmitir el tono de una idea pero simultaneamente ocultar su origen. En palabras de Helen Vendler:[3]

Esta forma comun de vodevil presentaba, con el telón bajado entre actos, una charla en broma entre dos personajes, uno a la izquierda y otro a la derecha. Actores blancos maquillados como negros, que contaban chistes en un exagerado dialecto negro, uno actuando como el taciturno hombre serio frente a las bufonadas del otro. Henry, el voluble, infantil y quejumbroso orador principal, es el yo lírico de los cantos: nunca se dirige a su contraparte por su nombre. El idiolecto coloquial de Henry no se ciñe exclusivamente a un dialecto, sino que exhibe muchas influencias dialectales que van desde la jerga al balbuceo infantil. Es evidente que no hay un Ego integrado en los cantos: sólo hay Conciencia en un extremo del escenario y Ello en el otro, hablando a través de un vacío, incapaces nunca de llegar a un común entendimiento.

Robert Lowell dedicó varios poemas a su amigo, algunos de los cuales incluyó en su libro *Historia*, cuya estructura tanto debe a los cantos de Berryman. Sirvan para concluir esta breve introducción a uno de los poemarios fundamentales de la segunda mitad del siglo XX:

Para John Berryman 1

Creo saber por lo que has pasado, tú
sabes por lo que he pasado yo: somos palabras;
John, usamos el lenguaje como si lo creáramos.
La suerte lanzó una moneda y la trama se la tragó,
un monstruo que bosteza por su sucio potaje.
Ah, privacidad, como si hubiéramos preferido subir
a una roca junto a un musgoso arroyo para contar ovejas...
a la fama que renueva el alma pero no el corazón.
La marea que se retira deja maravillas: ríos, linguini,
latas de cerveza, mejillones, sangre; cómo galopan alegres

para alcanzar la marea: Herbert, Thoreau, Pascal,
nacidos para morir con dilatados corazones de atleta a los cuarenta...
Abraham engendraba con menos expectación,
el cielo su amigo, su acólito la tierra.

Para John Berryman 2
(Enero, tras su muerte)

Tu Noroeste y mi Nueva Inglaterra son heno y hielo;
el invierno en Inglaterra es todavía verde fuera de temporada,
aquí la noche cae a las cuatro. ¿Cuándo nos veremos,
John? Vuelves como un vivo destello a mi memoria,
una red tejida de forma noble para atrapar los pececillos.
Barba de cepillo, los victorianos al despertar se te parecían...
la pasada Navidad en el Chelsea donde murió Dylan Thomas,
ininterrumpible, feliz sin convicción,
del más alegre paño y severamente retorcido.
«Estuve pensando toda la cena que jamás volvería a verte».
Un año de furiosa abstinencia, tres o cuatro libros...
Estudiante en esencia, una vez barbilampiño como Joyce,
ganaste tu sitio en la tripulación dejándote la piel en ello:
suicidarse, el inalienable derecho del hombre.

Sobre esta edición

Esta edición recoge el primer volumen de lo que constituirían *Los cantos del sueño* totales editados en 1969, esto es, *77 cantos del sueño*, editado en 1964 y ganador del Premio Pulitzer un año más tarde. En cuanto a la traducción, el lector observará que en muchas ocasiones el extrañamiento del original —en cuanto a sintaxis o a lo que hemos llamado dialecto *blackface*— se matiza o normaliza ligeramente en el texto traducido: por un lado existe el problema de traducir un dialecto de una comunidad —o más bien, de la parodia de ese dialecto— que no existe en nuestro idioma y por otro la de hacer que la traducción de una rareza sintáctica no diera la impresión de ser en cambio *una mala traducción*. En todo caso, la mayor parte de las veces tal retorcimiento de la gramática responde a un interés rítmico o sonoro del autor, efecto que hemos intentado mantener siempre.

Por último, he añadido numerosas notas al final del libro. Berryman se planteó en su momento —como hizo en su libro *Homage to Mistress Bradstreet*— anotar el volumen, aunque nunca llegó a hacerlo. Dada la gran cantidad de referencias personales y políticas o culturales de la época, me pareció sensato aprovechar el trabajo de investigación que la traducción requería y facilitar al lector que así lo quisiera la lectura o interpretación de algunos pasajes.

Andrés Catalán
Madrid, primavera de 2018

for Kate, and Saul
'Thou drewest near in the day'

Para Kate y Saul
«Te acercaste a mí en el día».[4]

'Go in, brack man, de day's yo' own.'

... *I am their musick*
Lam. 3:63

But there is another method.
Olive Schreiner

«Adelante, negro, el día es tuyo».[5]

...Yo soy su música
Lamentaciones 3, 63

Pero existe otro método.
Olive Schreiner[6]

Nota del autor

Éstas son secciones que constituyen la versión de un poema en desarrollo. Su título provisional, desde 1955, ha sido *Los cantos del sueño*. Uno está dedicado (2) a la memoria de Daddy Rice, que cantó y saltó «Jim Crow» en Louisville en 1828 (Londres, 1836 y después), y otros a amigos: Robert Giroux (7), John Crowe Ransom (11), Howard Munford (24), Ralph Ross (27), Robert Fitzgerald (34), Daniel Hughes (35), William Meredith (36), los Theodore Morrison y los Chilholm Gentry (37-38-39), el doctor A. Boyd Thomes (54), Edmund y Elena Wilson (58), George Amberg (63), Mark Van Doren (66), Allen e Isabella Tate (70), Saul Bellow (75).

Los editores de ciertas publicaciones fueron hospitalarios con algunos de los cantos aquí reunidos: *The Times Literary Suplement, The Noble Savage, The Observer, Poetry, Partisan Review, Encounter, Poetry Northwest, The New York Review of Books, The New Republic, Minnesota Review, Harpers, Ramparts, The Yale Review, The Keyon Review*. Muchas opiniones y errores de los Cantos no derivan del personaje de Henry, y mucho menos del autor, sino del título de la obra.

I

I

1

Huffy Henry hid   the day,
unappeasable Henry sulked.
I see his point, —a trying to put things over.
It was the thought that they thought
they could *do* it made Henry wicked & away.
But he should have come out and talked.

All the world like a woolen lover
once did seem on Henry's side.
Then came a departure.
Thereafter nothing fell out as it might or ought.
I don't see how Henry, pried
open for all the world to see, survived.

What he has now to say is a long
wonder the world can bear & be.
Once in a sycamore I was glad
all at the top, and I sang.
Hard on the land wears the strong sea
and empty grows every bed.

1

Henry el hosco ocultó   el día,
el implacable Henry refunfuña.
Sé de qué va: un intento de postergar las cosas.
Era llegar a pensar que pensaran
que podrían *hacerlo* lo que exasperaba y desquiciaba a Henry.
Pero tendría que haber salido a hablarlo.

El mundo entero como un amante de lana
parecía estar antes de su lado.
Luego se produjo una partida.
Desde entonces nada tuvo lugar como podría o debería.
No veo cómo Henry, expuesto
a la vista de todo el mundo, sobrevivió.

Lo que ahora se dispone a decir es una larga
maravilla que el mundo habrá de soportar y ser.
Una vez en lo más alto de un sicómoro
me encontraba feliz, y canté.
Cruel desgasta la tierra el mar tenaz
y vacía queda toda cama.

2
Big Buttons, Cornets: the advance

The jane is zoned! no nightspot here, no bar
there, no sweet freeway, and no premises
for business purposes,
no loiterers or needers. Henry are
baffled. Have ev'ybody head for Maine,
utility-man take a train?

Arrive a time when all coons lose dere grip,
but is he come? Le's do a hoedown, gal,
one blue, one shuffle,
if them is all you seem to réquire. Strip,
ol banger, skip us we, sugar; so hang on
one chaste evenin.

—Sir Bones, or Galahad: astonishin
yo legal & yo good. Is you feel well?
Honey dusk do sprawl.
—Hit's hard. Kinged or thinged, though, fling & wing.
Poll-cats are coming, hurrah, hurray.
I votes in my hole.

2
Botones grandes, cornetas: el avance

¡Esta piba está pedo! ni un garito aquí, ni un bar
allá, ni una dulce carretera, y ni un solo local
dedicado al comercio,
ni vagos ni mendigos.[7] Henry es
de frustrados. ¿Se ha pirao tol mundo a Maine,
el manitas pilló un tren?

Llega la hora en que a los conguitos se les pira,
¿pero viene? Montemos un baile, chica,
uno tristón, otro movido,
si parece que na más necesitas. Desnúdate,
vieja carroza, corta ya, cariño; aguántate
decente así una noche.

−Don Huesos, o Galahad: increíble
que vayas de buenecito y de legal. ¿Tú estás bien?
De miel se desparrama el ocaso.
−El golpe es duro. Rey o cosa, aún así, dale y vale.
Ya vienen las urnas[8], hurra, hurra.
Yo voto en mi hoyo.

3
A Stimulant for an Old Beast

Acacia, burnt myrrh, velvet, pricky stings.
–I'm not so young but not so very old,
said screwed-up lovely 23.
A final sense of being right out in the cold,
unkissed.
(–My psychiatrist can lick your psychiatrist.) Women get
                                    [under things.

All these old criminals sooner or later
have had it. I've been reading old journals.
Gottwald & Co., out of business now.
Thick chests quit. Double agent, Joe.
She holds her breath like a seal
and is whiter & smoother.

Rilke was a *jerk*.
I admit his grief & music
& titled spelled all-disappointed ladies.
A threshold worse than the circles
where the vile settle & lurk,
Rilke's. As I said,–

3
Un estimulante para la vieja bestia[9]

Acacia, mirra quemada, terciopelo, aguijones afilados.[10]
—No soy joven pero tampoco tan mayor,[11]
dijo la hermosa neurótica de 23.
Una sensación definitiva de estar a la intemperie,
por besar.
(–Mi psiquiatra le puede a tu psiquiatra).[12] Las mujeres
                                          [comprenden las cosas.

Todos estos viejos delincuentes antes o después
se hartan. He estado leyendo periódicos viejos.
Gottwald[13] & Compañía ha tenido que chapar.
Los de ancho pecho se rinden. Agente doble, Joe.[14]
Ella aguanta la respiración como una foca
y es más blanca y más suave.

Rilke era un *memo*.
Le admito su dolor y su música
y sus linajudas damas del todo despechadas.
Un umbral peor que los círculos
donde se arrellanan y acechan los inmundos
de Rilke. Como ya he dicho…

4

Filling her compact & delicious body
with chicken páprika, she glanced at me
twice.
Fainting with interest, I hungered back
and only the fact of her husband & four other people
kept me from springing on her

or falling at her little feet and crying
'You are the hottest one for years of night
Henry's dazed eyes
have enjoyed, Brilliance.' I advanced upon
(despairing) my spumoni. —Sir Bones: is stuffed,
de world, wif feeding girls.

—Black hair, complexion Latin, jewelled eyes
downcast... The slob beside her   feasts... What wonders is
she sitting on, over there?
The restaurant buzzes. She might as well be on
                                            [Mars.
Where did it all go wrong? There ought to be a law against Henry.
—Mr. Bones: there is.

4

Mientras se atiborraba el cuerpo macizo y delicioso
de pollo al pimentón, me echó un par
de miradas. Desmayado por el interés, me volvió el hambre
y sólo la presencia de su marido y otras cuatro personas
impidió que me lanzara sobre ella

o cayera ante sus piececitos y gritara
«Eres la tía más buena que los embelesados ojos
de Henry hayan gozado
noche tras noche en años, Esplendor». Avancé
(desquiciado) sobre mi *spumone*. —Don Huesos: está lleno,
er mundo, de chiquillas pa comerse.

—Pelo negro, complexión latina, la enjoyada mirada
alicaída... El patán a su lado   se da un festín... ¿Sobre qué
maravilla está ahí sentada?
El restaurante es un hervidero. Lo mismo daría que estuviera en
[Marte.
¿Dónde se torció todo? Debería haber una ley contra Henry.
—Sr. Huesos: la hay.

5

Henry sats in de bar & was odd,
off in the glass from the glass,
at odds wif de world & its god,
his wife is complete nothing,
St Stephen
getting even.

Henry sats in de plane & was gay.
Careful Henry nothing said aloud
but where a Virgin out of cloud
to her Mountain dropt in light,
his thought made pockets & the plane buckt.
'Parm me, lady.' 'Orright.'

Henry lay in de netting, wild,
while the brainfever bird did scales;
Mr Heartbreak, the New Man,
come to farm a crazy land;
an image of the dead on the fingernail
of a newborn child.

5

Sentose Henry en el bar y estaba raro,
de un cristal a otro cristal se reflejaba,[15]
en desacuerdo con el mundo y con su dios,
su mujer es una absoluta nada,
san Esteban,
desquitado.

Sentose Henry en el avión y estaba alegre.
Cauto Henry nada dijo
pero cuando una Virgen de una nube
a su Montaña arrojó luz,
su pensar fue turbulento y el avión se sacudió.
«Perdón, señora». «Vaaaale».

Estaba Henry en la malla, alborotado,
mientras hacía escalas el pájaro febril;
el sr. Desamor, el Hombre Nuevo,
vino a cultivar una tierra delirante;[16]
una imagen de los muertos en la uña
de un recién nacido.[17]

6
A Capital at Wells

During the father's walking—how he look
down by now in soft boards, Henry, pass
and what he feel or no, who know?—
as during his broad father's, all the breaks
& ill-lucks of a thriving pioneer
back to the flying boy in mountain air,

Vermont's child to go out, and while Keats sweat'
for hopeless inextricable lust, Henry's fate,
and Ethan Allen was a calling man,
all through the blind one's dream of the start,
when Day was killing Porter and had to part
lovers for ever, fancy if you can,

while the cardinals' guile to keep Aeneas out
was failing, while in some hearts Chinese doubt
inscrutably was growing, toward its end,
and a starved lion by a water-hole
clouded with gall, while Abelard was whole,
these grapes of stone were being proffered, friend.

6
Un capitel en Wells[18]

Durante el paseo del padre —qué aspecto tendrá
abajo ahora entre madera blanda, Henry, pasa
y lo que siente o no, ¿quién lo sabrá?–
como durante el de su corpulento padre, toda la buena
y mala suerte de un próspero pionero
se remonta al joven errante de ambiente montañés,

el hijo de Vermont por salir, y mientras Keats sudaba
por una imposible pasión inextricable, el destino de Henry,
y Ethan Allen[19] era un hombre de vocación,
a lo largo de todo el comienzo que soñara el ciego,[20]
cuando Day asesinó a Porter[21] y tuvo que separar
para siempre a los amantes, imagínatelo si puedes,

mientras las argucias cardenalicias para alejar a Eneas[22]
empezaban a fallar, mientras en ciertos corazones la duda
china crecía inescrutablemente, hacia su fin,
y un famélico león junto a una charca
se empañaba de bilis, mientras Abelardo seguía entero,[23]
estas uvas de piedra se nos brindaban, amigo.

7
'The Prisoner of Shark Island'
with Paul Muni

Henry is old, old; for Henry remembers
Mr Deeds' tuba, & the Cameo,
& the race in *Ben Hur*,–*The Lost World*, with sound,
& *The Man from Blankley's*, which he did not dig,
nor did he understand one caption of,
bewildered Henry, while the Big Ones laughed.

Now Henry is unmistakably a Big One.
Fúnnee; he don't féel so.
He just stuck around.
The German & the Russian films into
Italian & Japanese films turned, while many
were prevented from making it.

He wishing he could squirm again where Hoot
is just ahead of rustlers, where William S
forgoes some deep advantage, & moves on,
where Hashknife Hartley having the matter taped
the rats are flying. For the rats
have moved in, mostly, and this is for real.

7
Prisionero del odio[24]
con Paul Muni

Henry es viejo, viejo; porque Henry recuerda
la tuba del Sr. Deeds[25] y el cameo,
y la carrera de *Ben Hur*... *El mundo perdido,* sonora,
y *El hombre de Blankley's,* que no pilló,
aunque tampoco entendió ningún subtítulo,
el perplejo Henry, mientras los más Grandes se reían.

Ahora Henry es sin duda uno de los Grandes.
Extraaaño; no es así como se siente.
Se limitó a quedarse por allí.
Las películas alemanas y rusas dieron
paso a películas italianas y japonesas, mientras
a muchos se les negaba el éxito.

Deseaba volver a retorcerse allí donde Hoot[26]
se adelanta por poco a los cuatreros, donde William S[27]
renuncia a una situación muy ventajosa y sigue su camino,
donde al destapar Hashknife Hartley[28] todo el asunto
huyen las ratas. Porque las ratas
se han mudado aquí, en su mayoría, y esto va en serio.

8

The weather was fine. They took away his teeth,
white & helpful; bothered his backhand;
halved his green hair.
They blew out his loves, his interests. 'Underneath,'
(they called in iron voices) 'understand,
is nothing. So there.'

The weather was very fine. They lifted off
his covers till he showed, and cringed & pled
to see himself less.
They installed mirrors till he flowed. 'Enough'
(murmured they) 'if you will watch Us instead,
yet you may saved be. Yes.'

The weather fleured. They weakened all his eyes,
and burning thumbs into his ears, and shook
his hand like a notch.
They flung long silent speeches. (Off the hook!)
They sandpapered his plumpest hope. (So capsize.)
They took away his crotch.

8

Hacía buen tiempo. Le quitaron los dientes,
blancos y útiles; le fastidiaron el revés;
le cortaron la mitad del pelo verde.
Se cargaron sus amores, sus intereses. «En el fondo»,
(gritaban con voces de hierro) «compréndelo,
no es nada. Así que traga».

Hacía muy buen tiempo. Le retiraron
las colchas hasta que se le vio, y se encogió y suplicó
para verse menos.
Instalaron espejos hasta que fluyó. «Basta»
(murmuraron) «si en cambio nos mirases a Nosotros,
incluso tú podrías salvarte. Sí».

Hacía un tiempo en fleur. Le debilitaron todos los ojos,
y pulgares ardiendo en las orejas, y le estrecharon
la mano como un poco.
Le lanzaron largos discursos en silencio. (¡Fuera de peligro!).
Le lijaron su esperanza más henchida. (Así vuelque).
Le quitaron su entrepierna.

9

Deprived of his enemy, shrugged to a standstill
horrible Henry, foaming. Fan their way
toward him who will
in the high wood: the officers, their rest,
with p. a. echoing: his girl comes, say,
conned in to test

if he's still human, see: she love him, see,
therefore she get on the Sheriff's mike and howl
'Come down, come down'.
Therefore he un-budge, furious. He'd flee
but only Heaven hangs over him foul.
At the crossways, downtown,

he dreams the folks are buying parsnips & suds
and paying rent to foes. He slipt & fell.
It's golden here in the snow.
A mild crack: a far rifle. Bogart's duds
truck back to Wardrobe. Fancy the brain from hell
held out so long. Let go.

9[29]

Privado de su enemigo, encogido de hombros, paralizado,
el horrible Henry, babeando. Se despliega
hacía él quien así lo procura
en el bosque: los agentes, su descanso,
con ecos de altavoz: su chica llega, digamos,
embaucada para probar

si sigue él siendo humano, ves: le ama, ves,
por eso se hace con el micro del *sheriff* y grita:
«Baja, baja».
Por eso se muestra inflexible, furioso. Huiría
pero sólo el Cielo se cierne sobre él, infecto.
En la encrucijada, en el centro de la ciudad,

sueña que la gente compra chirivías y birras
y paga el alquiler a un enemigo. Se resbaló y cayó.
Se está de lujo aquí en la nieve.
Un leve chasquido: un rifle lejano. Los trapos de Bogart
regresan al Armario. Quién iba a decir que el cerebro
al infierno resistiera tanto tiempo. Déjalo.

10

There were strange gatherings. A vote would come
that would be no vote. There would come a rope.
Yes. There would come a rope.
Men have their hats down. "Dancing in the Dark"
will see him up, car-radio-wise. So many, some
won't find a rut to park.

It is in the administration of rhetoric,
on these occasions, that—not the fathomless heart—
the thinky death consists;
his chest is pinched. The enemy are sick,
and so is us of. Often, to rising trysts,
like this one, drove he out

and gasps of love, after all, had got him ready.
However things hurt, men hurt worse. He's stark
to be jerked onward?
Yes. In the headlights he got' keep him steady,
leak not, look out over. This' hard work,
boss, wait' for The Word.

10

Se producían extrañas reuniones. Habría votos
que no serían un voto. Habría sogas.
Sí. Habría sogas.
Los hombres se quitan el sombrero. «Bailando en la oscuridad»
se lo verá ahí, como con la radio del coche. Tantos, que algunos
ni con todo su celo hallan aparcamiento[30].

Es en la gestión de la retórica,
en estas ocasiones, en lo que –no el insondable corazón–
consiste la pensante muerte;
tiene el pecho encogido. El enemigo es de enfermos,
y así de nosotros. A menudo, hasta citas al alza,
como ésta, conducía

y jadeos de amor, al fin y al cabo, le tenían dispuesto.
Las cosas hacen daño, los hombres más. ¿Está rígido
como para sacudirlo de ahí en adelante?
Sí. A la luz de los faros tiene que sujetarlo en firme,
no sudar, mirar en torno. S'un trabajo duro,
jefe, esperar La Palabra.

11

His mother goes. The mother comes & goes.
Chen Lung's too came, came and crampt & then
that dragoner's mother was gone.
It seem we don't have no good bed to lie on,
forever. While he drawing his first breath,
while skinning his knees,

while he was so beastly with love for Charlotte Coquet
he skated up & down in front of her house
wishing he could, sir, die,
while being bullied & he dreamt he could fly–
during irregular verbs–them world-sought bodies
safe in the Arctic lay:

Strindberg rocked in his niche, the great Andrée
by muscled Fraenkel under what's of the tent,
torn like then limbs, by bears
over fierce decades, harmless. Up in pairs
go we not, but we have a good bed.
I have said what I had to say.

11

Su madre va. Su madre viene y va.
La de Chen Lung también vino, vino y se apretujó y después
la madre de aquel dragón se marchó.
Parece que no tenemos ninguna buena cama en la que echarnos,
para siempre. Mientras exhalaba su primer aliento,
mientras se pelaba las rodillas,

y estaba tan rabiosamente enamorado de Charlotte Coquet
que patinaba arriba y abajo frente a su casa
deseando poder, señor, morir,
mientras se metían con él y soñaba con volar
—durante los verbos irregulares— aquellos cuerpos tan buscados
a salvo descansaban en el ártico:[31]

Strindberg mecido[32] en su nicho, el gran Andrée
junto al musculoso Fraenkel bajo los restos de la tienda,
desgarrada como ellos desmembrados, por osos
a lo largo de décadas feroces, sin daño.[33] En parejas
no nos iremos, pero tenemos buenas camas.
He dicho lo que tenía que decir.

12
Sabbath

There is an eye, there was a slit.
Nights walk, and confer on him fear.
The strangler tree, the dancing mouse
confound his vision; then they loosen it.
Henry widens. How did Henry House
himself ever come here?

Nights run. Tes yeux bizarres me suivent
when loth at landfall soft I leave.
The soldiers, Coleridge Rilke Poe,
shout commands I never heard.
They march about, dying & absurd.
Toddlers are taking over. O

ver! Sabbath belling. Snoods converge
on a weary-daring man.
What now can be cleared up? from the Yard the visitors urge.
Belle thro' the graves in a blast of sun
to the kirk moves the youngest witch.
Watch.

12
Sabbat

Hay un ojo, había una raja.
Andan las noches, y le confieren miedo.
El árbol estrangulador, el danzante ratón
frustran su visión; luego la desatan.
Henry se ensancha. ¿Cómo Henry House
acabó llegando aquí?

Corren las noches. Tes yeux bizarres me suivent[34]
cuando reticente al tocar tierra parto dócil.
Los soldados, Coleridge Rilke Poe,
gritan órdenes que no escuché jamás.
Marchan por ahí, moribundos y absurdos.
Los críos se hacen con el poder. ¡Po

der! Bramidos del *sabbat*. Convergen redecillas
hacia un hombre audaz-cansado.
¿Qué podríamos aclarar ahora? apremian los visitantes en el Patio.
Beldad entre las tumbas bajo un sol fulgurante
hacia la iglesia[35] avanza la más joven de las brujas.[36]
Mírala.

13

God bless Henry. He lived like a rat,
with a thatch of hair on his head
in the beginning.
Henry was not a coward. Much.
He never deserted anything; instead
he stuck, when things like pity were thinning.

So may be Henry was a human being.
Let's investigate that.
…We did; okay.
He is a human American man.
That's true. My lass is braking.
My brass is aching. Come & diminish me, & map my way.

God's Henry's enemy. We're in business… Why,
what business must be clear.
A cornering.
I couldn't feel more like it. —Mr. Bones,
as I look on the saffron sky,
you strikes me as ornery.

13

Dios bendiga a Henry. Vivía como una rata,
con una mata de pelo en la cabeza
al principio.
Henry no era un cobarde. No mucho.
Nunca desertó de nada; por el contrario
se quedó cuando cosas como la compasión escaseaban.

Así que quizá Henry fuera un ser humano.
Estudiémoslo.
…Lo hicimos; veamos.
Es un ser humano norteamericano.
Eso es cierto. Mi chica se resiste.
Mi descaro desiste. Vamos, subestimadme y cartografiadme.

Dios es enemigo de Henry. Tenemos un negocio… Vaya,
el negocio en cuestión tiene que estar claro.
Un monopolio.
Nada podría apetecerme más. –Sr. Huesos,
ahora que miro el cielo azafranado,
me parece que tienes muy mal genio.

14

Life, friends, is boring. We must not say so.
After all, the sky flashes, the great sea yearns,
we ourselves flash and yearn,
and moreover my mother told me as a boy
(repeatingly) 'Ever to confess you're bored
means you have no

Inner Resources.' I conclude now I have no
inner resources, because I am heavy bored.
Peoples bore me,
literature bores me, especially great literature,
Henry bores me, with his plights & gripes
as bad as achilles,

who loves people and valiant art, which bores me.
And the tranquil hills, & gin, look like a drag
and somehow a dog
has taken itself & its tail considerably away
into mountains or sea or sky, leaving
behind: me, wag.

14

La vida, amigos, es aburrida. No deberíamos decirlo.
Después de todo, brilla el cielo, anhela el gran mar,
nosotros mismos brillamos y anhelamos,
y encima mi madre me decía de niño
(como un loro) «Sólo confesar que te aburres
ya significa que no tienes

Iniciativa Propia». Deduzco ahora que no tengo
iniciativa propia, porque estoy profundamente aburrido.
La gente me aburre,
la literatura me aburre, especialmente la alta literatura,
Henry me aburre, con sus apuros y pucheros
igual o peor que los de aquiles,

que adora a la gente y el arte valiente, que me aburre.
Y las tranquilizadoras colinas, y la ginebra, son una pesadez
y un perro a saber cómo
se ha pirado él y su rabo francamente lejos
hasta las montañas o el mar o el cielo, dejando
atrás: a mí, tentetieso.[37]

15

Let us suppose, valleys & such ago,
one pal unwinding from his labours in
one bar of Chicago
and this did actually happen. This was so.
And many graces are slipped, & many a sin
even that laid man low

but this will be remembered & told over,
that she was heard at last, haughtful & greasy,
to bawl in that low bar:
'You can biff me, you can bang me, get it you'll never.
I may be only a Polack   broad but I don't lay
                                                              [easy.
Kiss my ass, that's what you are.'

Women is better, braver. In a foehn of loss
entire, which too they hotter understand,
having had it,
we struggle. Some hang heavy on the sauce,
some invest in the past, one hides in the land.
Henry was not his favourite.

15

Supongamos, valles mediante y hace tiempo,
que un amigo desconectara del trabajo en
un bar de Chicago
y que esto pasara de verdad. Así fue.
Y ciertos modales se olvidan, y también muchos
pecados que postraron a los hombres,

pero esto se recordará y repetirá,
que se la escuchó por fin, altanera y zalamera,
berrear en aquel bar de poca monta:
«Puedes darme, puedes sacudirme, pillarlo no lo harás nunca.
Puede que sólo sea una polaca   cualquiera pero no me estoy
[quieta.
Vete a la mierda, sí, que no eres más que eso».

Las mujeres son mejor, de más valiente. En un foehn de pérdida
absoluta, que también ellas más fácilmente entienden,
hartas de ello,
nos debatimos. Algunos alargan la borrachera,
algunos ahondan en el pasado, uno se esconde en la tierra.
Henry no era el favorito.

16

Henry's pelt was put on sundry walls
where it did much resemble Henry and
them persons was delighted.
Especially his long & glowing tail
by all them was admired, and visitors.
They whistled: This is *it*!

Golden, whilst your frozen daiquiris
whir at midnight, gleams on you his fur
& silky & black.
Mission accomplished, pal.
My molten yellow & moonless bag,
drained, hangs at rest.

Collect in the cold depths barracuda. Ay,
in Sealdah Station some possessionless
children survive to die.
The Chinese communes hum. Two daiquiris
withdrew into a corner of the gorgeous room
and one told the other a lie.

16

Colocaron de Henry el pellejo en las paredes
en las que en mucho recordaba a Henry y
aquellas personas estaban encantadas.
Especialmente su cola larga y deslumbrante
que por todos fue admirada, y visitantes.
Silbaron: ¡Es estupendo!

Dorado, durante el runrún de los daiquiris
helados a medianoche, destella ante vosotros su pelaje
y sedoso y negro.
Misión cumplida, colega.
Mi pieza de amarillo incandescente y deslunada,
exprimida, cuelga en paz.

Cobra la barracuda de las frías profundidades. Ay,
en Sealdah Station[38] algunos niños
desposeídos sobreviven para morir.
Las comunas chinas bullen. Dos daiquiris
se retiraron a un rincón de la espléndida sala
y uno le contó al otro una mentira.

17

Muttered Henry: —Lord of matter, thus:
upon some more unquiet spirit knock,
my madnesses have cease.
All the quarter astonishes a lonely out & back.
They set their clocks by Henry House,
the steadiest man on the block.

And Lucifer: —I smell you from my own,
by smug. —What have I tossed you but the least
(tho' hard); fit for the ears.
Your servant, bored with horror, sat alone
with busy teeth while his dislike increased
unto himself, in tears.

And he: —O promising despair,
in solitude— —End there.
Your avenues are dying: leave me: I dove
under the oaken arms of Brother Martin,
St Simeon the Lesser Theologian,
Bodhidharma, and Baal Shem Tov.

17

Murmuró Henry: −Señor de la materia, sea:
tras un golpe espiritual más turbulento,
ha cesado mi locura.
A todo el barrio sorprende un solitario ir y volver.
Pusieron sus relojes en hora según Henry House,
el hombre de más constancia en la manzana.

Y Lucifer: −Hueles a uno de los míos,
a petulancia. −No te arrojé sino poca cosa
(aunque dura); digna de tus oídos.
Tu sirviente, aburrido del horror, se sentó a solas
con atareada dentadura mientras su repulsión crecía
dentro de él, en lágrimas.

Y él: −Oh, desesperación prometedora,
en soledad... −No sigas.
Tus caminos desaparecen: déjame: me zambullí
bajo los brazos de roble del Hermano Martin,
san Simeón el Teólogo Menor,
Bodhidharma, y Baal Shem Tov[39].

18
A Strut for Roethke

Westward, hit a low note, for a roarer lost
across the Sound but north from Bremerton,
hit a way down note.
And never cadenza again of flowers, or cost.
Him who could really do that cleared his throat
& staggered on.

The bluebells, pool-shallows, saluted his over-needs,
while the clouds growled, heh-heh, & snapped, & crashed.

No stunt he'll ever unflinch once more will fail
(O lucky fellow, eh Bones?)–drifted off upstairs,
downstairs, somewheres.
No more daily, trying to hit the head on the nail:
thirstless: without a think in his head:
back from wherever, with it said.

Hit a long high note, for a lover found
needing a lower into friendlier ground
to bug among worms no more
around um jungles where ah blurt 'What for?'
Weeds, too, he favoured as   most men don't favour
                                                        [men.
The Garden Master's gone.

18
Un *strut*[40] para Roethke

Hacia el oeste, da una nota grave, para un bramador perdido
al otro lado del Estrecho pero al norte de Bremerton,
da una nota grave de verdad.
Y nunca una *cadenza* otra vez de flores, o costes.
Aquel que realmente podría hacerlo carraspeó
y continuó tambaleándose.

Las campánulas, aguas someras, saludaron sus caprichos,
mientras las nubes gruñían, je-je, y chascaban y chocaban.

Las proezas que no volverá a intentar nunca fracasarán
(vaya tipo con suerte, ¿eh, Huesos?); se dormía arriba,
en el piso de abajo, por ahí.
Nunca más a diario tratar de dar en el clavo:
sin más sed: sin un pensar en su cabeza:
de vuelta a saber de dónde, con lo dicho.

Da una larga nota aguda, para un amante hallado
falto de una hondonada en tierra más amable
para andar fastidiando entre gusanos ya no más
alrededor dunas junglas ande espetamos «¿para qué?»
Hierbas, también, las honraba como   ningún hombre honra a
[los hombres.
El Señor del Jardín se ha ido.

19

Here, whence
all have departed or will do, here airless, where
that witchy ball
wanted, fought toward, dreamed of, all a green living
drops limply into one's hands
without pleasure or interest

Figurez-vous, a time swarms when the word
'happy' shelds its whole meaning, like to come and
like for memory too
That morning arrived to Henry as well a great cheque
eaten out already by the Government & State &
other strange matters

Gentle friendly Henry Pussy-cat
smiled into his mirror, a murderer's
(at Stillwater), at himself alone
and said across a plink to that desolate fellow
said a little hail & buck-you-up
upon his triumph

19

Aquí, de donde
todos han partido o partirán, aquí, que aire falta, donde
esa bola embrujada
deseada, por la que se lucha y se sueña, toda una verde vida
nos cae blandamente sobre las manos
sin placer o interés

Figurez-vous, un tiempo que revolotea cuando la palabra
«feliz» muda todo su significado, que gusta de venir y
gusta también de la memoria
Esa mañana también le llegó a Henry un gran cheque
ya devorado por el Gobierno y el Estado y
otros extraños asuntos

Henry Minino amable y amistoso
se sonrió en el espejo, de un asesino
(en Stillwater),[41] a sí mismo, solo,
y dijo frente a un tintineo a ese desconsolado tipo
le dijo un breve hola y un alegra esa cara
tras su triunfo

20
The Secret of the Wisdom

When worst got things, how was you? Steady on?
Wheedling, or shockt her &
you have been bad to your friend,
whom not you writing to. You have not listened.
A pelican of lies
you loosed: where are you?

Down weeks of evenings of longing
by hours, NOW, a stoned bell,
you did somebody: others you hurt short:
anyone ever did you do good?
You licking your own old hurt,
what?

An evil kneel & adore.
This is human. Hurl, God who found
us in this, down
something... We hear the more
sin has increast, the more
grace has been caused to abound.

20
El secreto de la sabiduría

Cuando torciéronse las cosas, ¿cómo estabas? ¿Tranquilo?
La engatusaste, o la escandalizaste y
has sido malo con tu amiga,
a quien no nada escribes. No escuchaste.
Todo un pelícano de mentiras
te soltaste: ¿dónde has ido?

Tras semanas de noches de añoranza
hora tras hora, AHORA, una berrea fumada,
te lo hiciste con una: otras las hieres de cerca:
¿alguien alguna vez algo de bueno?
Te lames tú solo ese antiguo dolor,
¿no crees?

Un impío arrodillarse y adorar.
Es algo humano. Vomita, Dios que nos
hallara en esto, alguna
cosa... Oímos que cuanto más
se acrecienta el pecado, más
propicia que la gracia abunde.[42]

21

Some good people, daring & subtle voices
and their tense faces, as I think of it
I see sank underground.
I see. My radar digs. I do not dig.
Cool their flushing blood, them eyes is shut–
eyes?

Appalled: by all the dead: Henry brooded.
Without exception! All.
ALL.
The senior population   waits. Come down! come down!
A ghastly & flashing pause, clothed,
life called; us do.

In a madhouse heard I an ancient man
tube-fed who had not said for fifteen years
(they said) one canny word,
senile forever, who a heart might pierce,
mutter 'O come on down. O come on down.'
Clear whom *he* meant.

21

Algunas buenas personas, voces atrevidas y sutiles
y caras tensas, cuando lo pienso
las veo hundidas bajo tierra.
Veo. Mi radar cava. Yo no cavo.
Frío el flujo sanguíneo, cerrados de ojos...
¿ojos?

Horrorizado: por todos los muertos: Henry rumia.
¡Sin ninguna excepción! Todos.
TODOS.
La población anciana   espera. ¡Bajad!, ¡bajad!
Una pausa intermitente y espantosa, disfrazada,
la vida llamaba; así nosotros.

En un manicomio escuché a un anciano
alimentado con sonda que no había en quince años
(o eso decían) pronunciado una palabra con sentido,
senil del todo, que un corazón pudiera perforar,
musitar «Oh, descended, descenced».
Estaba claro a *quién* se refería.[43]

22
Of 1826

I am the little man who smokes & smokes.
I am the girl who does know better but.
I am the king of the pool.
I am so wise I had my mouth sewn shut.
I am a government official & a goddamned fool.
I am a lady who takes jokes.

I am the enemy of the mind.
I am the auto salesman and lóve you.
I am a teenage cancer, with a plan.
I am the blackt-out man.
I am the woman powerful as a zoo.
I am two eyes screwed to my set, whose blind–

It is the Fourth of July.
Collect: while the dying man,
forgone by you creator, who forgives,
is gasping 'Thomas Jefferson still lives'
in vain, in vain, in vain.
I am Henry Pussy-cat! My whiskers fly.

22
De 1826

Soy el hombrecito que fuma y fuma.
Soy la chica que sabe de sobra lo que hace.
Soy el rey de la pista.
Soy tan sabio que me cosí la boca.
Soy un funcionario público y un jodido idiota.
Soy una dama que se toma bien las bromas.

Soy el enemigo de la mente.
Soy el vendedor de coches y te quiero.
Soy un cáncer adolescente, tengo un plan.
Soy el hombre fundido en negro.
Soy la mujer con la fuerza de un zoo.
Soy dos ojos atornillados a mi tele, cuya ciega...

Es cuatro de julio.
Colecta:[44] en tanto que el moribundo,
olvidado por tu creador, que es indulgente,
masculla «Thomas Jefferson sigue vivo»[45]
en vano, en vano, en vano.
¡Soy Henry Minino! Ondean mis bigotes.

23
The Lay of Ike

This is the lay of Ike.
Here's to the glory of the Great White—awk—
who has been running—er—er—things in
                              [recent—ech—
in the United—If your screen is black,
ladies & gentlemen, we—I like—
at the Point he was already terrific—sick

to a second term, having done no wrong—
no right—no   right—having let the Army—bang—
defend itself from Joe, let venom' Strauss
bile Oppenheimer out of use—use Robb,
who'll later fend for Goldfine—Breaking no laws,
he lay in the White House—sob!!—

who never understood his own strategy—whee—
so Monty's memoirs—nor any strategy,
wanting the ball bulled thro' all parts of the line
at once—proving, by his refusal to take Berlin,
he misread even Clauswitz—wide empty
                                      [grin
that never lost a vote (O Adlai mine).

23
El lay de Ike[46]

He aquí el lay de Ike.
Brindo por la gloria del Gran Blanco... agh...
que ha estado llevando... eh... eh... las cosas en
                                [recientes... eeeeg...
en los Estados... si su pantalla está negra,
señoras y señores, a nosotros... a mí me gustaría...
en Point[47] ya era tremendo... enfermo llegó a una

segunda legislatura,[48] sin haber torcido nada...
nada a derechas... o   derechos... al dejar al ejército... bang...
defenderse de Joe, al dejar que el venenoso Strauss[49]
pusiera a Oppenheimer fuera de servicio... o se sirviera de Robb,
que luego defendería a Goldfine... Sin violar ninguna ley,
se tumbaba en la Casa Blanca... ¡¡snif!!...

nunca entendió su propia estrategia... ¡yujuu!...
como dicen las memorias de Monty...[50] ni ninguna estrategia,
queriendo empujar la pelota por entre toda la línea de defensa
al mismo tiempo... probando, con su rechazo a tomar Berlin,[51]
que incluso a Clauswitz lo había leído mal...[52] una sonrisa amplia
                                                        [y vacía
que jamás perdió ni un solo voto (oh, mi Adlai)[53].

24

Oh servant Henry lectured till
the crows commenced and then
he bulbed his voice & lectured on some more.
This happened again & again, like war,–
the Indian p.a.'s, such as they were,
a weapon on his side, for the birds.

Vexations held a field-monsoon.
He was Introduced, and then he was Summed-up.
He was put questions on race bigotry;
he put no questions on race bigotry
constantly.
The mad sun rose though on the ghats
   & the saddhu in maha mudra, the great River,

and Henry was happy & beside him with excitement.
Beside himself, his possibilities;
salaaming hours of half-blind morning
while the rainy lepers salaamed back,
smiles & a passion of their & his eyes flew
in feelings not ever accorded solely to oneself.

24

Ah Henry el sirviente disertó hasta
que empezaron los cuervos y entonces
puso una voz bulbosa y siguió un poco más.
Esto se repitió una y otra vez, como una guerra:
los altavoces indios, los pocos que había,
como un arma a su lado, para los pájaros.

Las vejaciones contenían un monzón campestre.
Primero le Presentaron y luego le Resumieron.
Le preguntaron sobre la discriminación racial;
él no hizo más que no preguntar sobre la discriminación racial
sin parar.
Un sol demencial se alzó si bien sobre las ghats[54]
  y el shadu[55] en el mahamudra,[56] el gran Río,

y Henry estaba feliz y de sí emocionado.
Fuera de sí, sus posibilidades;
zalemas durante horas de mañanas medio ciegas
mientras los lluviosos leprosos devolvían las zalemas,
sonrisas y sus pasiones y él abría los ojos
con sentimientos no siempre dirigidos a sí mismo.

25

Henry, edged, decidedly, made up stories
lighting the past of Henry, of his glorious
present, and his hoaries,
all the bight heals he tamped— —Euphoria,
Mr Bones, euphoria. Fate clobber all.
—Hand me back my crawl,

condign Heaven. Tighten into a ball
elongate & valved Henry. Tuck him peace.
Render him sightless,
or ruin at high rate his crampon focus,
wipe out his need. Reduce him to the rest of us.
—But, Bones, you is that.

—I cannot remember. I am going away.
There was something in my dream about a Cat,
which fought and sang.
Something about a lyre, an island. Unstrung.
Linked to the land at low tide. Cables fray.
Thank you for everything.

25

Henry, agudo, sin dudar, inventaba historias
que iluminaban el pasado de Henry, su glorioso
presente, y sus canas,
todas las malogradas curas allanaba. —Euforia,
Sr. Huesos, euforia. El destino todo lo aplasta.
—Devolvedme mi gateo,

un Cielo merecido. Reducid a una bola
al elongado y asordinado[57] Henry. Arropadlo en paz.
Dejadlo ciego,
o destruid con premura el garfio de su atención,
borrad su necesidad. Dejadlo como al resto de nosotros.
—Pero, Huesos, que eso eres.

—No lo recuerdo. Me largo.
Había algo en mi sueño sobre un Gato,
que luchaba y cantaba.
Algo sobre una lira, una isla. Descordada.
Unida a la tierra en marea baja. Cables deshilachados.
Gracias por todo.

26

The glories of the world struck me, made me aria,
                                        [once.
—What happen then, Mr Bones?
if be you cares to say.
—Henry. Henry became interested in women's bodies,
his loins were & were the   scene of stupendous achievement.
Stupor. Knees, dear. Pray.

All the knobs & softnesses of, my God,
the ducking & trouble it swarm on Henry,
at one time.
—What happen then, Mr Bones?
you seems excited-like.
—Fell Henry back into   the original crime: art, rime

besides a sense of others, my God, my God,
and a jealousy for the honour (alive) of his country,
what can get more odd?
and discontent with the thriving gangs & pride.
—What happen then, Mr Bones?
—I had a most marvellous   piece of luck. I died.

26

Las glorias mundanas me impresionaron, me hicieron aria,
                                            [tiempo ha.
—¿Qué pasó luego, Sr. Huesos?
si a bien tienes decirlo.
—Henry. Henry se interesó por los cuerpos de las mujeres,
sus entrañas fueron y fueron la   escena de logros formidables.
Estupor. Rodillas, querida. Reza.

Todos los bultos y suavidades de, Dios mío,
las evasivas y aprietos que se abalanzan sobre Henry,
al mismo tiempo.
—¿Qué pasó luego, Sr. Huesos?
pareces así como excitado.
—Volvió a caer Henry en   el crimen original: el arte, la rima

además de cierta sensación de los otros, Dios mío, Dios mío,
y cierta envidia del honor (vivo) de este país,
¿qué podría acabar siendo más raro?
y el descontento por las florecientes camarillas y el orgullo.
—¿Qué pasó luego, Sr. Huesos?
—La más maravillosa   de las suertes. Me morí.

II

II

27

The greens of the Ganges delta foliate.
Of heartless youth made late aware he pled:
Brownies, please come.
To Henry in his sparest times sometimes
the little people spread, & did friendly things;
then he was glad.

Pleased, at the worst, except with man, he shook
the brightest winter sun.
All the green lives
of the great delta, hours, hurt his migrant heart
in the safety of the steady' plane. Please, please
come.

My friends, —he has been known to mourn,—I'll die;
live you, in the most wild, kindly, green
partly forgiving wood,
sort of forever and all those human sings
close not your better ears to, while good Spring
returns with a dance and a sigh.

27

Brotan los verdes en el delta del Ganges.
Por culpa de una juventud cruel que tarde cobró conciencia,
imploraba: Negritos, por favor, venid.
Hacia Henry en sus ratos más libres a veces
se desplegaba la gente pequeñita, y hacía cosas amigables;
después quedaba satisfecho.

Contento, en el peor de los casos, excepto con el hombre, sacudió
el más brillante sol de invierno.
Todas las verdes vidas
del gran delta, horas, hieren su corazón itinerante
en la seguridad del avión estable. Por favor, por favor,
venid.

Amigos míos —es sabido que ha estado de luto— moriré;
vosotros vivid en el más salvaje, amablemente, verde
y, en parte, indulgente bosque,
así como para siempre y a todo ese cantar humano
prestad siempre vuestro mejor oído, mientras la buena Primavera
regresa con una danza y un suspiro.

28
Snow Line

It was wet & white & swift and where I am
we don't know. It was dark and then
it isn't.
I wish the barker would come. There seems to be to eat
nothing. I am unusually tired.
I'm alone too.

If only the strange one with so few legs would come,
I'd say my prayers out of my mouth, as usual.
Where are his notes I loved?
There may be horribles; it's hard to tell.
The barker nips me but somehow I feel
he too is on my side.

I'm too alone. I see no end. If we could all
run, even that would be better. I am hungry.
The sun is not hot.
It's not a good position I am in.
If I had to do the whole thing over again
I wouldn't.

28
Cota de nieve

Estaba húmedo y blanco y veloz y donde estoy
no lo sabemos. Estaba oscuro y después
ya no.
Ojalá venga el ladrador.[58] Parece que hay para comer
nada. Estoy inusitadamente cansado.
También estoy solo.

Si al menos viniera ese de tan pocas piernas,[59]
las plegarias saldrían de mi boca, como siempre.
¿Dónde están esas notas que tanto me gustaban?
Puede haber horrosidades; es difícil saberlo.
El ladrador me mordisquea pero en cierto modo siento
que él también está de mi lado.

Estoy demasiado solo. No veo el final. Si todos pudiéramos
correr, hasta eso sería mejor. Tengo hambre.
El sol no calienta.
La posición en la que estoy no es nada buena.
Si lo tuviera que hacer todo de nuevo
no lo haría.

29

There sat down, once, a thing on Henry's heart
só heavy, if he had a hundred years
& more, & weeping, sleepless, in all them time
Henry could not make good.
Starts again always in Henry's ears
the little cough somewhere, an odour, a chime.

And there is another thing he has in mind
like a grave Sienese face a thousand years
would fail to blur the still profiled reproach of. Ghastly,
with open eyes, he attends, blind.
All the bells say: too late. This is not for tears;
thinking.

But never did Henry, as he thought he did,
end anyone and hacks her body up
and hide the pieces, where they may be found.
He knows: he went over everyone, & nobody's missing.
Often he reckons, in the dawn, them up.
Nobody is ever missing.

29

Se asentó allí, una vez, algo en el corazón de Henry
tan pesado, que si hubiera tenido cien años
y más y llorando, insomne, en todo ese tiempo
Henry no habría sabido hacerlo bien.
Comienza de nuevo siempre en los oídos de Henry
una pequeña tos en algún lado, un aroma, un repiqueteo.

Y hay una cosa más que tiene en mente
como un grave rostro sienés a quien mil años
no lograrán desdibujar el reproche aún perfilado. De espanto,
con los ojos abiertos, atiende, ciego.
Todas las campanas dicen: demasiado tarde. No es de lágrimas;
pensamiento.

Pero nunca acabó Henry, como pensó que haría,
con nadie y nunca despedazó el cuerpo de ella
y escondió los trozos donde tal vez alguien los hallara.
Lo sabe: pasó lista a todos y no echó a nadie en falta.
A menudo cuenta, al amanecer, su número.
Nadie falta nunca.

30

Collating bones: I would have liked to do.
Henry would have been hot at that.
I missed his profession.
As a little boy I always thought
'I'm an archeologist'; who
could be more respected peaceful serious than that?

Hell talkt my brain awake.
Bluffed to the ends of me pain
& I took up a pencil;
like this I'm longing with. One sign
would snow me back, back.
Is there anyone in the audience who has lived in vain?

A Chinese tooth! African jaw!
Drool, says a nervous system,
for a joyous replacing. Heat burns off dew.
Between the Ices (Mindel-Würm)
in a world I ever saw
some of my dying people indexed: "Warm."

30

Recopilar huesos: me habría gustado hacerlo.
Henry habría sido un hacha en eso.
Erré su profesión.
De pequeño siempre pensaba
«soy arqueólogo»; ¿quién
podría ser más respetable tranquilo serio que eso?

La cháchara del infierno me despertó la cabeza.
Me embaucó hasta los extremos del mi dolor
y cogí un lápiz;
como éste con el que anhelo ahora. Una señal
me engatusaría otra vez, otra vez.
¿Hay alguien entre el público que haya vivido en vano?

¡Un diente chino! ¡Una mandíbula africana!
Babea, dice un sistema nervioso,
por una dichosa sustitución. El calor evapora el rocío.
Entre los Hielos (Mindel-Würm)[60]
en un mundo que vi
algunos de mi pueblo moribundo lo catalogaron: «Cálido».

31

Henry Hankovitch, con guítar,
did a short Zen pray,
on his tatami in a relaxed lotos
fixin his mind on nuffin, rose-blue breasts,
and gave his parnel one French kiss;
enslaving himself he withdrew from his blue

Florentine leather case an Egyptian black
& flickt a zippo.
Henry & Phoebe happy as cockroaches
in the world-kitchen woofed, with all away.
The international flame, like despair, rose
or like the foolish Paks or Sudanese

Henry Hankovitch, con guítar,
did a praying mantis pray
who even more obviously than the increasingly fanatical
               [Americans
cannot govern themselves. Swedes don't exist,
Scandinavians in general do not exist,
take it from there.

31

Henry Hankovitch, con guitarra,
rezó un breve rezar zen
sobre el tatami en una relajada posición de loto
fija su mente en ná, pechos de un rosa azulado,
y le dio a su compa un beso con lengua;
esclavizándose sacó de su estuche azul

de cuero florentino uno de tabaco egipcio
y chasqueó el zippo.
Henry y Phoebe felices cual cucarachas
ladraron en la cocina del mundo, con todos fuera.
La llama internacional, como la desesperanza, se alzó
o como los estúpidos pakis y sudaneses

Henry Hankovitch, con guitarra,
rezó un rezar de mantis religiosa
que incluso más claramente que los cada vez más fanáticos
                                                                    [estadounidenses
no saben gobernarse. Los suecos no existen,
los escandinavos en general no existen,
continúa desde aquí.

32

And where, friend Quo, lay you hiding
across malignant half my years or so?
One evil faery
it was workt night, with amoroso pleasing
menace, the panes shake
where Lie-by-the-fire is waiting for his cream.

A tiger by a torrent in rain, wind,
narrows fiend's eyes for grief
in an old ink-on-silk,
reminding me of Delphi, and,
friend Quo, once was safe
imagination as sweet milk.

Let all the flowers wither like a party.
And now you have abandoned
own your young & old, the oldest, people
to a solitudinem of mournful communes,
mournful communes.
Status, Status, come home.

32

¿Y dónde, amigo Quo, te mantuviste oculto
durante la maligna mitad de mis años o más?
Un hada malvada
se trabajó de noche, con amorosamente grata
amenaza, los cristales tiemblan
donde Acostado-junto-al-fuego[61] aguarda su nata.

Un tigre junto a un torrente bajo la lluvia, el viento,
entrecierra de pena sus ojos de demonio
en una antigua tintada sobre seda,
recordándome a Delfos, y,
amigo Quo, antes era una fantasía
tan inocua como la leche con azúcar.

Que decaigan las flores como las fiestas.
Y ahora has abandonado
a tus propios jóvenes y viejos, a los mayores,
a una solitudinem de comunas lastimeras,
comunas lastimeras.
Statu, Statu, vuelve a casa.

33

An apple arc'd toward Kleitos; whose great King
wroth & of wine did study where his sword,
sneaked away, might be...
with swollen lids staggered up and clung
dim to the cloth of gold. An un-Greek word
blister, to him his guard,

and the trumpeter would not sound, fisted. Ha,
they hustle Clitus out; by another door,
loaded, crowds he back in
who now must, chopped, fall to the spear-ax ah
grabbed from an extra by the boy-god, sore
for weapons. For the sin:

little it is gross Henry has to say.
The King heaved. Pluckt out, the ax-end would
he jab in the sole throat.
As if an end. A baby, the guard may
squire him to his apartments. Weeping & blood
wound round his one friend.

33

Una manzana trazó un arco hasta Clito,[62] su gran Rey
de vino y encolerizado estudió dónde su espada,
hurtada, pudiera estar…
con párpados hinchados se tambaleó y se aferró
sombrío al ropaje dorado. Una palabra que no es griega
hace ampolla, a él la guardia,

y el trompeta no haría un ruido, golpeado. Ja,
sacan a empujones a Clito; por otra puerta,
borracho, vuelve él a acosar
a quien ahora debe, despedazado, caer sobre la lanza-hacha oh
que a un extra arrebata el niño-dios, apremiado
de un arma. Sobre el pecado:

poco es lo que el grosero Henry tiene que decir.
Al Rey le entran arcadas. Desorbitado, se habría
clavado el extremo del hacha en su propio cuello.
Como un final. Un bebé, puede el guardia
escoltarlo a sus aposentos. Llanto y sangre
envolvían a su único amigo.

34

My mother has your shotgun. One man, wide
in the mind, and tendoned like a grizzly, pried
to his trigger-digit, pal.
He should not have done that, but, I guess,
he didn't feel the best, Sister,—felt less
and more about less than us...?

Now—tell me, my love, *if* you recall
the dove light after dawn at the island and all—
here is the story, Jack:
he verbed for forty years, very enough,
& shot & buckt—and, baby, there was of
schist but small there (some).

Why should I tell a truth? when in the crack
of the dooming & emptying news I did hold back—
in the taxi too, sick—
silent—it's so I broke down here, in his mind
whose sire as mine one same way— I refuse,
hoping the guy go home.

34[63]

Mi madre tiene tu escopeta.[64] Un hombre, ancho
de mente y con los tendones de un oso, pegado
a su gatillo, colega.
No debería haber hecho eso pero, supongo,
no estaba en su mejor momento, Hermana; ¿se sentía
peor y bastante más que peor que nosotros...?

Ahora... dime, amor mío, *si* recuerdas
la luz en picado tras el alba en la isla y lo demás...
la historia es ésta, Jack:[65]
durante cuarenta años verbalizó, más que de sobra,
y disparó y se resistió: y nena, quedaba
esquisto pero muy poca cosa (algo).

¿Por qué debería decir la verdad? cuando al estallar
las noticias fatales y sobrecogedoras me contuve
—en el taxi también, mareado—
en silencio... es así como me derrumbé, en su mente
cuyo progenitor como el mío de igual forma; me niego,
con la esperanza de que el tipo vaya a casa.

35
MLA

Hey, out there!—assistant professors, full,
associates,—instructors—others—any—
I have a sing to shay.
We are assembled here in the capital
city for Dull—and one professor's wife is Mary—
at Christmastide, hey!

and all of you did theses or are doing
and the moral history of what we were up to
thrives in Sir Wilson's hands—
who I don't see here—only deals go screwing
some of you out, some up—the chairmen too
are nervous, little friends—

a chairman's not a chairman, son, forever,
and hurts with his appointments; ha, but circle—
take my word for it—
though maybe Frost is dying—around Mary;
forget your footnotes on the old gentleman;
dance around Mary.

35
MLA[66]

¡Oíd, vosotros…!, profesores ayudantes, titulares,
asociados… auxiliares… los demás… cualquiera…
tengo algo que cantaros.
Estamos reunidos aquí en la capital
del Aburrimiento –y María se llama la mujer de un catedrático–
en época de Navidad, ¡oíd!,

y todos hicisteis tesis o estáis en ello
y la historia moral de aquello en lo que andábamos
prospera en manos de *sir* Wilson…
al que no veo aquí… sólo tratan de andar
jodiendo, de auparos o hundiros –los decanos también
están nerviosos, amiguitos–

un decano no es un decano, hijo, para siempre,
y se harta de sus compromisos; ja, pero poneos
–os doy mi palabra…
aunque quizá Frost se esté muriendo– alrededor de María;
olvidaos de vuestras notas al pie sobre el anciano;
bailad alrededor de María.

36

The high ones die, die. They die. You look up and who's there?
—Easy, easy, Mr Bones. I is on your side.
I smell your grief.
—I sent my grief away. I cannot care
forever. With them all again & again I died
and cried, and I have to live.

—Now there *you* exaggerate, Sah. We hafta *die*.
That is our 'pointed task. Love & die.
—Yes; that makes sense.
But what makes sense between, then? What if I
roiling & babbling & braining, brood on why and
just sat on the fence?

—I doubts you did or do. De choice is lost.
—It's fool's gold. But I go in for that.
The boy & the bear
looked at each other. Man all is tossed
& lost with groin-wounds by the grand bulls, cat.
William Faulkner's where?

(Frost being still around.)

36

Los grandes mueren, mueren. Se mueren. ¿Miras y quién hay?
—Calma, calma, Sr. Huesos. Soy de tu lado.
Huelo tu tristeza.
—Largué mi tristeza. No puedo estar siempre
preocupado. Con todos ellos muero una y otra vez
y lloro, y tengo que vivir.

—Ahora exagera, señó. No quea otra que morirse.
Se ha establecío así. Ama y muere.
—Sí; tiene lógica.
¿Pero qué lógica hay entre tanto, entonces? ¿Qué pasa si
mosqueado y farfullante y pensativo, le doy vueltas al porqué y
me limito a sentarme en una valla?

—Dudo que hicieras o hagas tal. Esa opción te se pasó.
—No es oro todo lo que reluce. Pero lo acepto.
El muchacho y el oso
se miraron el uno al otro. Está el hombre del todo maltratado
y perdido con heridas de grandes toros en las ingles, tío.
¿William Faulkner está dónde?

(Frost todavía anda por aquí).

37
Three around the Old Gentleman

His malice was a pimple down his good
big face, with its sly eyes. I must be sorry
Mr Frost has left:
I like it so less I don't understood—
he couldn't hear or see well—all we sift—
but this is a *bad* story.

He had fine stories and was another man
in private; difficult, always. Courteous,
on the whole, in private.
He apologize to Henry, off & on,
for two blue slanders; which was good of him.
I don't know how he made it.

Quickly, off stage with all but kindness, now.
I can't say what I have in mind. Bless Frost,
any odd god around.
Gentle his shift, I decussate & command,
stoic deity. For a while here we possessed
an unusual man.

37
Tres en torno al Anciano

Su mezquindad era como una espinilla en su cara
bien grande, con sus taimados ojos. Debo lamentar
que el Sr. Frost nos haya dejado:
tan poco me gusta que no lo entiendo...
él no era capaz de oír o ver bien –todos somos criba–
pero es que ésta es una *mala* historia.

Las suyas eran buenas historias y era otra persona
en privado; difícil, siempre. Cortés,
en general, en privado.
Se disculpó con Henry, de tanto en tanto,
por dos tristes calumnias; lo que estuvo bien por su parte.
No sé cómo lo hizo.

Veloz, fuera del escenario, con todo excepto amabilidad, ahora.
No puedo decir lo que pienso. Bendito sea Frost;
si algún extraño dios está cerca: bendícelo.
Mitiga su tránsito, lo decuso y ordeno,
deidad estoica. Porque por un tiempo dispusimos aquí
de un hombre inusual.

38

The Russian grin bellows his condolence
tó the family: ah but it's Kay,
& Ted, & Chis & Anne,
Henry thinks of: who eased his fearful way
from here, in here, to there. This wants thought.
I won't make it out.

Maybe the source of noble such may come
clearer to dazzled Henry. It may come.
I'd say it will come with pain,
in mystery. I'd rather leave it alone.
I do leave it alone.
And down with the listener.

Now he has become, abrupt, an industry.
Professional-Friends-Of-Robert-Frost all over
gap wide their mouths
while the quirky medium of so many truths
is quiet. Let's be quiet. Let us listen:
—What for, Mr Bones?
              —while he begins to have it out with Horace.

38

La sonrisa rusa brama sus condolencias
a la familia: ah pero es en Kay,[67]
y en Ted y Chis y Anne,[68]
en quienes piensa Henry: los que allanaron su terrible camino
desde aquí, aquí, hasta aquí. Hace falta pensarlo.
Yo no lo entenderé.

Quizá la fuente de tal nobleza se le presente
más clara al deslumbrado Henry. Quizá se presente.
Diría que se presentará con dolor,
misteriosamente. Preferiría dejarlo en paz.
Y lo dejo en paz.
¡Abajo los oyentes!

Ahora se ha convertido, de súbito, en una industria.
Amigos-profesionales-de-Robert-Frost en todas partes
destapan de par en par las bocas
mientras el estrafalario médium de tantas verdades
calla. Callemos. Atendamos:
—¿A qué, Sr. Huesos?
 —a que empiece a hablar en serio con Horacio.

39

Goodbye, sir, & fare well. You're in the clear.
'Nobody' (Mark says   you said) 'is ever found out.'
I figure you were right,
having as Henry got away with murder
for long. Some jarred clock tell me it's late,
not for you who went straight

but for the lorn. Our roof is lefted off
lately: the shooter, and the bourbon man,
and then you got tired.
I'm afraid that's it. I figure you with love,
lifey, deathy, but I have a little sense
the rest of us are fired

or fired: be with us: we will blow our best,
our sad wild riffs come easy in that case,
thinking you over,
knowing you resting, who was reborn to rest,
your gorgeous sentence is done. Nothing's the same,
sir,–taking cover.

39

Adiós, señor, y buen viaje. Está usted a salvo.
«Nadie» (dijo usted   que dice Marcos) «es nunca descubierto».[69]
Supongo que tenía usted razón,
habiendo asesinado impunemente como Henry
durante tanto tiempo. Algún reloj crispado me dice que es tarde,
no para usted que se marchó directamente

sino para el desamparado. Nuestro tejado se dejó
últimamente: el tirador, y el hombre del *bourbon*,
y luego usted se cansan.
Me temo que eso es todo. Imagino que andará con amor,
vívido, muértido, pero tengo la ligera sensación
de que el resto acabaremos en el fuego

o en el fuego: acompáñenos: tocaremos como nunca,
en ese caso nos saldrán fácil los tristes ostinatos,
pensando en usted,
sabiendo que ahora que descansa, que había renacido para descansar,
su espléndida frase ha terminado. Nada es lo mismo,
señor... a cubierto.

40

I'm scared a lonely. Never see my son,
easy be not to see anyone,
combers out to sea
know they're goin somewhere but not me.
Got a little poison, got a little gun,
I'm scared a lonely.

I'm scared a only one thing, which is me,
from othering I don't take nothin, see,
for any hound dog's sake.
But this is where I livin, where I rake
my leaves and cop my promise, this' where we
cry oursel's awake.

Wishin was dyin but I gotta make
it all this way to that bed on these feet
where peoples said to meet.
Maybe but even if I see my son
forever never, get back on the take,
free, black & forty-one.

40

Estoy asustado de a solas. Nunca veo a mi hijo,
fácil es no ver a nadie,
las olas mar adentro
saben que pa algún lado van pero no yo.
Hubo algún venenito, alguna pistolita,
estoy asustado de a solas.

Estoy asustado a una cosa sola, que soy yo,
de la otredad no quiero ná, ves,
que otro chucho tire pa ese hueso.[70]
Pero aquí es ande vivo, ande rastrillo
mis hojas y cazo mi promesa, esto ande
lloramos hasta despertarnos.

Deseaba de morirme pero tengo que lograr
alcanzar con estos pies hasta esa cama
donde las gentes decían de encontrarse.
Tal vez pero incluso si veo a mi hijo
ya más nunca, vuelvo a estar en el ajo,
libre, negro y cuarentón.

41

If we sang in the wood (and Death is a German expert)
while snows flies, chill, after so frequent knew
so many all nothing,
for lead & fire, it's not we would assert
particulars, but animal; cats mew,
horses scream, man sing.

Or: men psalm. Man palms his ears and moans.
Death is a German expert. Scrambling, sitting,
spattering, we hurry.
I try to. Odd & trivial, atones
somehow for my escape a bullet splitting
my trod-on instep, fiery.

The cantor bubbled, rattled. The Temple burned.
Lurch with me! phantoms of Varshava. Slop!
When I used to be,
who haunted, stumbling, sewers, my sacked shop,
roofs, a dis-world *ai!* Death was a German
home-country.

41

Si cantáramos en el bosque (y la Muerte es un experto alemán)[71]
mientras vuela la nieve, fría, tras que tan a menudo
supieran tantos tanta nada,
por el plomo y el fuego, no es que fuésemos a dar
detalles, salvo animales; los gatos maúllan,
los caballos aúllan, el hombre canta.

O: los hombres salmodian. El hombre se tapa los oídos y gime.
La muerte es un experto alemán. A gatas, agachados,
chapoteando, nos apresuramos.
Lo intento. Rara y trivial, expía
de algún modo *mi* huida una bala que destroza
de mi paso el empeine, feroz.

El jazán bullía, vibraba. El Templo ardía.
¡Tambaleaos conmigo! espectros de Varshava.[72] ¡Vadead!
Cuando solía ser yo,
quien rondaba, tropezando, las cloacas, mi tienda saqueada,
los tejados, un des-mundo ¡*ay*!, la Muerte era una patria
alemana.

42

O journeyer, deaf in the mould, insane
with violent travel & death: consider me
in my cast, your first son.
Would you were I by now another one,
witted, legged? I see you before me plain
(I am skilled: I hear, I see)–

your honour was troubled: when you wondered–'No'.
I hear. I think I hear. Now full craze down
across our continent
all storms since you gave in, on my pup-tent.
I have of blast & counter to remercy you
for hurling me downtown.

We dream of honour, and we get along.
Fate winged me, in the person of a cab
and your stance on the sand.
Think it across, in freezing wind: withstand
my blistered wish: flop, there, to his blind song
who pick up the tab.

42[73]

Oh viajero, sordo en el molde, loco
de violento viajar y de muerte: considérame
en mi yeso, tu primogénito.
¿Querrías tú que fuera yo ahora también uno,
simplón, cojo? Te veo ante mí con claridad
(tengo habilidades: oigo, veo)…

tu honor estaba en peligro: cuando te preguntaste… «No».
Oigo. Creo que oigo. Ahora del todo enloquecidas
cruzan nuestro continente
todas las tormentas desde tu rendición, sobre mi carpa.
Me sobran arrebatos y réplicas para volver a perdonarte
por haberme arrojado al centro de la urbe.

Soñamos con el honor, y nos las arreglamos.
El destino me hirió las alas, en la figura de un taxi
y tu postura sobre la arena.
Reconsidéralo, frente al viento glacial: resiste
mi ampollado deseo: duérmete, ahí, con su ciego canto
que corre con los gastos.

43

'Oyez, oyez!' The Man Who Did Not Deliver
is before you for his deliverance, my lords.
He stands, as charged
for This by banks, That cops, by lawyers, by
publishingers for Them. I doubt he'll make
old bones.

Be.
I warned him, of a summer night: consist,
Consist. Ex-wives roar.
Further, the Crown holds that they spilt himself,
splitting his manward chances, to his shame,
my lords, & our horror.

Behind, oh worst lean backward them who bring
un-charges: hundreds & one, children,
the pillars & the sot.
Henry thought. It is so. I must sting.
Listen! The grave ground-rhythm of a gone
… makar? So what.

43

«¡*En pie*!» El Hombre Que No Cumplió
se presenta ante ustedes para su libramiento, señores míos.
Comparece, acusado
de Esto por los bancos, los polis Eso, por los abogados, por
los editorzuelos de Aquello. Dudo que llegue a
peinar canas.

Sea.
Le advertí más de una noche de verano: consistencia,
consistencia. Las exmujeres rugen.
Es más, la Corona defiende que ellas le escurrieron,
tronchando sus posibilidades masculinas, para su vergüenza,
señores míos, y horror nuestro.

Detrás, oh peor se estiran aquellos que presentan
des-cargos: ciento y uno, niños,
los pilares y el borrachín.
Henry pensó. Es así. Debo provocar.
¡Escuchad! El profundo ritmo terreno de un ido
¿...*makar*?[74] Y qué.

44

Tell it to the forest fire, tell it to the moon,
mention it in general to the moon
on the way down,
he's about to have his lady, permanent;
and this is the worst of all came ever sent
writhing Henry's way.

Ha ha, fifth column, quisling, genocide,
he held his hands & laught from side to side
a loverly time.
The berries & the rods left him alone less.
Thro' a race of water once I went: happiness.
I'll walk into the sky.

There the great flare & stench, O flying creatures,
surely will dim-dim? Bars will be closed.
No girl will again
conceive above your throes. A fine thunder peals
will with its friends and soon, from agony
put the fire out.

44

Cuéntaselo al fuego del bosque, a la luna,
déjaselo caer en general a la luna
al ponerse,
a punto está de conseguir a su dama, definitivamente;
y esto es lo peor de todo lo que alguna vez se cruzó
retorciéndose en el camino de Henry.

Ja ja, quinta columna, colaboracionista, genocida,
se estrechó las manos y se rió de par en par
un amoroso rato.
Bayas y cañas no lo dejaban tanto a solas.
Una corriente de agua atravesé una vez: la felicidad.
Caminaré hasta el cielo.

Allí el gran fulgor y hedor, oh criaturas voladoras,
se borrará borrado, ¿verdad? No habrá bares abiertos.
Ninguna chica volverá
a concebir más allá de tu estertor. Magníficos truenos
con sus amigos y pronto, de agonía
apagarán el fuego.

45

He stared at ruin. Ruin stared straight back.
He thought they was old friends. He felt on the stair
where her papa found them bare
they became familiar. When the papers were lost
rich with pals' secrets, he thought he had the knack
of ruin. Their paths crossed

and once they crossed in jail; they crossed in bed;
and over an unsigned letter their eyes met,
and in an Asian city
directionless & lurchy at two & three,
or trembling to a telephone's fresh threat,
and when some wired his head

to reach a wrong opinion, 'Epileptic'.
But he noted now that: they were not old friends.
He did not know this one.
This one was a stranger, come to make amends
for all the imposters, and to make it stick.
Henry nodded, un-.

45

Se quedó mirando a la ruina. La ruina le devolvió la mirada.
Le pareció queran viejos amigos. En la escalera
donde el papá de ella los encontrara desnudos sintió
que se tenían confianza. Cuando se perdieron los papeles
llenos de secretos de colegas, pensó que tenía un don
para la ruina. Sus caminos se cruzaban

y una vez se cruzaron en la cárcel; se cruzaron en la cama;
y en una carta sin firmar donde sus ojos se encontraron,
y en una ciudad asiática
sin rumbo fijo y a bandazos a las dos y las tres,
o temblando ante una impertinente amenaza telefónica,
y cuando alguien le conectó con cables la cabeza

para llegar a una opinión equivocada: «Epiléptico».[75]
Pero ahora notaba eso: no eran viejos amigos.
A ésta no la conocía.
Ésta era una extraña, dispuesta a compensar
por todos los impostores, y a que siguiera así.
Henry asintió, des-.

46

I am, outside. Incredible panic rules.
People are blowing and beating each other without mercy.
Drinks are boiling. Iced
drinks are boiling. The worse anyone feels, the worse
treated he is. Fools elect fools.
A harmless man at an intersection said, under his breath: "Christ!"

That word, so spoken, affected the vision
of, when they trod to work next day, shopkeepers
who went & were fitted for glasses.
Enjoyed they then an appearance of love & law.
Millenia whift & waft—one, one—er, er…
Their glasses were taken from them, & they saw.

Man has undertaken the top job of all,
son fin. Good luck.
I myself walked at the funeral of tenderness.
Followed other deaths. Among the last,
like the memory of a lovely fuck,
was: *Do, ut des.*

46

Soy yo,[76] afuera. Reina un pánico increíble.
Las personas se piran y golpean sin piedad unas a otras.
Las bebidas hierven. Heladas
bebidas hierven. Cuanto peor nos sentimos, peor
se nos trata. Los idiotas votan por idiotas.
Un hombre inofensivo en un cruce musitó: «¡Cristo!».

Esa palabra, así dicha, afectó la visión
de, al marchar al trabajo al día siguiente, los tenderos
que fueron y se les equipó de gafas.
Disfrutaron así de una apariencia de amor y ley.
Los milenios fluyen y flotan –uno, uno– eh, eh...
Las gafas les fueron arrebatadas, y vieron.

El hombre ha asumido la más alta responsabilidad,
son fin.[77] Buena suerte.
Yo mismo recorrí andando el funeral de la ternura.
Siguieron otras muertes. Entre las últimas,
como el recuerdo de un polvo estupendo,
estaba: *Do, ut des.*[78]

47
April Fool's Day, or, St Mary of Egypt

—Thass a funny title, Mr Bones.
—When down she saw her feet, sweet fish, on the threshold,
she considered her fair shoulders
and all them hundreds who have held them, all
the more who to her mime thickened & maled
from the supple stage,

and seeing her feet, in a visit, side by side
paused on the sill of The Tomb, she shrank: 'No.
They are not worthy,
fondled by many' and rushed from The Crucified
back through her followers out of the city ho
across the suburbs, plucky

to dare my desert in her late daylight
of animals and sands. She fall prone.
Only wind whistled.
And forty-seven years went by like Einstein.
We celebrate her feast with our caps on,
whom God has not visited.

47
Día de los inocentes,[79] o, santa María Egipcíaca

—Esss un título gracioso, Sr. Huesos.
—Cuando se vio sus pies, dulce pez, en el umbral,
tomó en consideración sus hermosos hombros
y a todos los cientos que los gozan, tanto más
quienes ante su mímica se crecían y se virilizaban
frente el ágil escenario,

y al ver sus pies, en una visita, uno junto al otro
detenidos sobre la entrada de La Tumba,[80] vaciló: «No.
No son dignos,
con las caricias de tantos» y desde El Crucificado
corrió entre sus seguidores lejos de la puta de ciudad
atravesando la periferia, con el valor

de enfrentarse a mi desierto en su tardío amanecer
de animales y arena. Cae bocabajo.
Sólo el viento silbaba.
Y cuarenta y siete años pasaron como Einstein.
Celebramos su día con el gorro puesto,
nosotros a quienes Dios no ha visitado.[81]

48

He yelled at me in Greek,
my God!–It's not his language
and I'm no good at–his is Aramaic,
was–I am a monoglot of English
(American version) and, say pieces from
a baker's dozen others: where's the bread?

but rising in the Second Gospel, pal:
The seed goes down, god dies,
a rising happens,
some crust, and then occurs   an eating. He said so,
a Greek idea,
troublesome to imaginary Jews,

like bitter Henry, full of the death of love,
Cawdor-uneasy, disambitious, mourning
the whole implausible necessary thing.
He dropped his voice & sybilled of
the death of the death of love.
I óught to get going.

48

Me gritó en griego,
¡Dios mío! No es su idioma
y a mí no se me da bien —el suyo es arameo,[82]
era— yo soy monolingüe de inglés
(versión americana) y algo de otros: verdadero
como lo que dice el panadero… ¿dónde está el pan?[83]

pues resucitando en el segundo evangelio,[84] colega:
La semilla cae, dios muere,
una resurrección tiene lugar,
algo hace corteza, y luego ocurre   un comer. Así lo dijo,
una idea griega,
problemática para los imaginarios judíos,[85]

como el amargado Henry, obsesionado con la muerte del amor,
precariamente Cawdor, desambicioso,[86] que llora
la cosa necesaria del todo inverosímil.
Bajó[87] la voz y sibilizó sobre
la muerte de la muerte del amor.
Debería ir yéndome.

49
Blind

Old Pussy-cat if he won't eat, he don't
feel good into his tum', old Pussy-cat.
He *wants* to have eaten.
Tremor, heaves, he sweaterings. He can't.
A dizzy swims of where is Henry at;
…somewhere streng verboten.

How come he sleeps & sleeps and sleeps, waking like death:
locate the restorations of which we hear
as of profound sleep.
From daylight he got maintrackt, from friends' breath,
wishes, his hopings. Dreams make crawl with fear
Henry but not get up.

The course his mind his body steer, poor Pussy-cat,
in weakness & disorder, will see him down
whiskers & tail.
'Wastethrift': Oh one of cunning wives know that
he hoardy-squander, where is nor downtown
neither suburba. Braille.

49
Ciego

Viejo Minino si no come, no se
va a encontrar bien de su tripita, viejo Minino.
El *querría* haber comido.
Temblor, arcadas, sudoraciones suyas. No puede.
Un mareo flota desde donde Henry está;
... en algún sitio streng verboten.[88]

Cómo es que duerme y duerme y duerme, como muerte en vela:
el restablecimiento de lo que oímos sitúalo
como en un profundo sueño.
Desde el alba fue encarrilado, por el aliento de los amigos,
deseos, sus esperanzas. Los sueños hacen cubrirse de miedo
a Henry pero no despertar.

El rumbo que su mente da a su cuerpo, pobre Minino,
en la flaqueza y el desorden, hará que agache
cola y bigotes.
«Malrotador»: Oh una de las astutas esposas sabe que
él derrocha provisiones, donde no es ni centro de ciudad
ni periferia. Braille.

50

In a motion of night they massed nearer my post.
I hummed a short blues. When the stars went out
I studied my weapons system.
Grenades, the portable rack, the yellow spout
of the anthrax-ray: in order. Yes, and most
of my pencils were sharp.

This edge of the galaxy has often seen
a defence so stiff, but it could only go
one way.
—Mr Bones, your troubles give me vertigo,
& backache. Somehow, when I make your scene,
I cave to feel as if

de roses of dawns & pearls of dusks, made up
by some ol' writer-man, got right forgot
& the greennesses of ours.
Springwater grow so thick it gonna clot
and the pleasing ladies cease. I figure, yup,
you is bad powers.

50

En un movimiento nocturno se apiñaron cerca de mi puesto.
Tarareé un breve *blues*. Cuando se apagaron las estrellas
examiné mi sistema armamentístico.
Granadas, el arsenal portátil, el chorro amarillo
del rayo de ántrax: todo en orden. Sí, y casi
todos mis lápices estaban afilados.

Este extremo de la galaxia ha visto a menudo
férreas defensas como ésa, pero sólo podía acabar
de una manera.
—Sr. Huesos, tus molestias me producen vértigo
y lumbago. En cierto modo, cuando hago tu escena,
cedo para sentir como si

las rosas del alba y las perlas del crespúsculo, inventadas
por algún viejo escritor, se olvidaran en seguida
y esos verdores nuestros.
Tan espeso está el manantial que cuajará
y se acabarán las damas complacientes. Imagino, ajá,
que eres energía de la mala.

51

Our wounds to time, from all the other times,
sea-times slow, the times of galaxies
fleeing, the dwarfs' dead times,
lessen so little that if here in his crude rimes
Henry them mentions, do not hold it, please,
for a putting of man down.

Ol' Marster, being bound you do your best
versus we coons, spare now a cagey John
a whilom bits that whip:
who'll tell your fortune, when you have confessed
whose & whose woundings—against the innocent stars
& remorseless seas—

—Are you radioactive, pal? —Pal, radioactive.
—Has you the night sweats & the day sweats, pal?
—Pal, I do.
—Did your gal leave you? —What do *you* think, pal?
—Is that thing on the front of your head what it seems to be, pal?
—Yes, pal.

51

Nuestras heridas al tiempo, desde todos los otros tiempos,
los lentos tiempos del mar, los tiempos de las galaxias
que huyen, los tiempos muertos de los enanos,
se alivian tan poco que si aquí en sus burdas rimas
Henry las menciona, no lo consideréis, por favor,
un menosprecio del hombre.

Viejo amo, que obligado lo haces lo mejor posible
contra nosotros los conguitos, perdona ahora a un John taimado
los instantes de otrora que azotan:
quién te dirá la bienaventuranza, cuando confieses
de quién y de quién las heridas —en contra de las estrellas inocentes
y los mares implacables—

—¿Eres radioactivo, tío? —Tío, radioactivo.
—¿Te pasa que las noches sudas y el día sudas, tío?
—Tío, me pasa.
—¿Te ha dejado tu piba? —¿*Tú* que crees, tío?
—¿Es esa cosa en la parte frontal de tu cabeza lo que parece, tío?
—Sí, tío.

III

III

52
Silent Song

Bright-eyed & bushy-tailed woke not Henry up.
Bright though upon his workshop shone a vise
central, moved in
while he was doing time down hospital
and growing wise.
He gave it the worst look he had left.

Alone. They all abandoned   Henry—wonder! all,
when most he—under the sun.
That was all right.
He can›t work well with it here, or think.
A bilocation, yellow like catastrophe.
The name of this was freedom.

Will Henry again ever be on the lookout for women & milk,
honour & love again,
have a buck or three?
He felt like shrieking but he shuddered as
(spring mist, warm, rain) an handful with quietness
vanisht & the thing took hold.

52
Canto silencioso

Con los ojos brillantes y lleno de energía Henry no despertó.
Brillante sin embargo sobre su taller resplandecía un torno
en la mitad, instalado
mientras estuvo pasando un tiempo en el hospital
y centrándose.
Le echó la peor mirada de la que aún era capaz.

Solo. Todos abandonaron   a Henry –¡sorpresa! todos,
cuanto más él– bajo el sol.
No hubo problema.
No puede trabajar bien con eso aquí, o pensar.
Una bilocación, amarilla como una catástrofe.
Libertad era el nombre de esto.

¿Volverá Henry a estar ojo avizor de mujeres y leche,
honor y amor una vez más,
a tener uno o tres dólares?
Le apetecía chillar pero se estremeció mientras
(bruma primaveral, calor, lluvia) un puñado de tranquilidad[89]
desaparecía y la cosa se afianzó.

53

He lay in the middle of the world, and twitcht.
More Sparine for Pelides,
human (half) & down here as he is,
with probably insulting mail to open
and certainly unworthy words to hear
and his unforgivable memory.

–I seldom *go* to *films*. They are too exciting,
said the Honourable Possum.
–It takes me so long to read the 'paper,
said to me one day a novelist hot as a firecracker,
because I have to identify myself with everyone in it,
including the corpses, pal.'

Kierkegaard wanted a society, to refuse to read 'papers,
and that was not, friends, his worst idea.
Tiny Hardy, toward the end, refused to say *anything*,
a programme adopted early on by long Housman,
and Gottfried Benn
said:–We are using our own skins for wallpaper and we cannot win.

53

Yacía en medio del mundo, y temblaba.
Más Sparine[90] para el Pélida,[91]
humano (semi) y postrado como está,
con probablemente cartas ofensivas por abrir
y sin duda indignas palabras que escuchar
y su imperdonable memoria.

—No suelo *ir* a ver *pelis*. Son demasiado emocionantes,
dijo la Honorable Zarigüeya.[92]
—Tardo demasiado tiempo en leer el periódico,
me dijo un día un novelista[93] hecho una furia,
porque me identifico con todos los que salen,
incluídos los cadáveres, colega.

Kierkegaard deseaba una sociedad que se negara a leer diarios,
y esa no fue, amigos, precisamente su peor idea.
Hardy el enano,[94] hacia el final, se negaba a decir palabra *alguna*,
un programa adoptado desde muy pronto por el largo Housman,
y Gottfried Benn
decía: —Usamos nuestra piel para empapelar y no podemos ganar.

54

'no visitors' I thumb the roller to
and leans against the door.
Comfortable in my horseblanket
I prop on the costly bed & dream of my wife,
my first wife,
and my second wife & my son.

Insulting, they put guardrails up,
as if it were a crib!
I growl at the head nurse; we compose on one.
I have been operating from *nothing*,
like a dog after its tail
more slowly, losing altitude.

Nitid. They are shooting me full of sings.
I give no rules. Write as short as you can,
in order, of what matters.
I think of my beloved poet
Issa & his father who
sat down on the grass and took leave of each other.

54

Giro a «no se admiten visitas»
y se apoya contra la puerta.
Cómodo con mi gualdrapa
me aúpo sobre la costosa cama y sueño con mi mujer,
mi primera mujer,
y mi segunda mujer y mi hijo.

Insultantemente, levantan guardarraíles,
¡como si fuera una cuna!
Le gruño a la enfermera jefe; seguimos componiendo.
He estado operando a partir de la *nada*,
como un perro tras su cola
más lentamente, perdiendo altura.

Esplendente. Me inyectan un montón de signos.
No doy reglas. Escribe tan brevemente como puedas,
con un orden, de lo importante de verdad.
Pienso en mi querido poeta
Issa[95] y su padre que
se sentaron en la hierba y se dijeron adiós el uno al otro.

55

Peter's not friendly. He gives me sideways looks.
The architecture is far from reassuring.
I feel uneasy.
A pity,–the interview began so well:
I mentioned fiendish things, he waved them away
and sloshed out a martini

strangely needed. We spoke of indifferent matters–
God's health, the vague hell of the Congo,
John's energy,
anti-matter matter. I felt fine.
Then a change came backward. A chill fell.
Talk slackened,

died, and he began to give me sideways looks.
'Christ,' I thought 'what now?' and would have askt for another
but didn't dare.
I feel my application   failing. It's growing dark,
some other sound is overcoming. His last words are:
'We betrayed me.'

55

Pedro no es simpático. Me echa miradas de reojo.
La arquitectura dista mucho de ser tranquilizadora.
Estoy inquieto.
Una pena… la entrevista empezó muy bien:
mencioné diabluras, las desdeñó con un gesto
y derramó un martini

que raro en mí necesitaba. Charlamos de varias cosas:
de la salud de Dios, del impreviso infierno del Congo,
de la energía de Juan,
del tema de la antimateria. Me sentía bien.
Luego se produjo un paso atrás. Se enfrió.
La charla decayó,

murió, y empezó a echarme miradas de reojo.
«Cristo», pensé «¿y ahora qué?» y habría pedido otro
pero no me atreví.
Me parece que mi solicitud   fracasa. Está oscureciendo,
se impone otro sonido. Sus últimas palabras son:
«Nosotros me traicionaron».

56

Hell is empty. O that has come to pass
which the cut Alexandrian foresaw,
and Hell lies empty.
Lightning fell silent where the Devil knelt
and over the whole grave space hath settled awe
in a full death of guilt.

The tinchel closes. Terror, & plunging, swipes.
I lay my ears back. I am about to die.
My cleft feet drum.
Fierce, the two-footers club. My green world pipes
a finish—for us all, my love, not some.
Crumpling, I–why,–

So in his crystal ball them two he weighs,
solidly, dreaming of his sleepy son,
ah him, and his new wife.
What roar solved once the dilemma of the Ancient of Days,
what sigh borrowed His mercy?–Who may, if
we are all the same, make one.

56

El Infierno está vacío.[96] O habrá ocurrido
como pronosticara el amputado alejandrino,[97]
y el Infierno se ha quedado desierto.
Los rayos caían mudos donde se arrodillara el Diablo
y sobre el espacio de la tumba se había instalado el temor
en una muerte definitiva de la culpa.

El círculo[98] se cierra. El terror, y abalanzándose, golpea.
Agacho las orejas. Estoy a punto de morir.
Tamborileo con mis pies hendidos.
Feroz, el club de los bípedos. Mi verde mundo remata
un final... para todos, mi amor, no para algunos.
Desplomándome, yo... vaya...

Así que en su bola de cristal a esos dos sopesa,[99]
sólidamente, soñando con su hijo adormilado,
ah él, y con su nueva esposa.
¿Qué estruendo solucionó el dilema del Anciano de los Días,[100]
qué suspiro solicitó Su clemencia? —Quién pudiera, si
somos todos iguales,[101] producir uno.

57

In a state of chortle sin—once he reflected,
swilling tomato juice—live I, and did
more than my thirstier years.
To Hell then will it maul me? for good talk,
and gripe of retail loss? I dare say not.
I don't think there's that place

save sullen here, wherefrom she flies tonight
retrieving her whole body, which I need.
I recall a 'coon treed,
flashlights, & barks, and I was in that tree,
and something can (has) been said for sobriety
but very little.

The guns. Ah, darling, it was late for me,
midnight, at seven. How in famished youth
could I foresee Henry's sweet seed
unspent across so flying barren ground,
where would my loves dislimn whose dogs abound?
I fell out of the tree.

57

En pecado de risa –pensaba él,
mientras engullía zumo de tomate– vivo yo, y más
que en mis años más sedientos.
¿Me entonces arrollará al Infierno?, ¿por la buena charla,
y las quejas por pérdida de inventario? Yo diría que no.
No creo que exista ese lugar

salvo en el sombrío aquí, desde donde ella huye esta noche
recobrando su cuerpo por entero, que necesito yo.
Me acuerdo de un mapache[102] atrapado en un árbol,
linternas, y ladridos, y yo estaba en ese árbol,
y algo puede ser (se ha) dicho por la sobriedad
pero muy poco.

Las armas. Ah, cariño, para mí ya era tarde,
medianoche, a las siete. ¿Cómo en la famélica juventud
iba yo a prever que la dulce semilla de Henry
se desperdiciara en tanto veloz terreno yermo,
donde se desdibujarían mis amores cuyos perros abundan?
Me caí del árbol.

58

Industrious, affable, having brain on fire,
Henry perplexed himself; others gave up;
good girls gave in;
geography was hard on friendship, Sire;
marriages lashed & languished, anguished; dearth of group
and what else had been;

the splendour & the lose grew all the same,
Sire. His heart stiffened, and he failed to smile,
catching (*enfint*) on.
The law: we must, owing to chiefly shame
lacing our pride, down what we did. A mile,
a mile to Avalon.

Stuffy & lazy, shaky, making roar
overseas presses, he quit wondering:
the mystery is full.
Sire, damp me down. Me feudal O, me yore
(male Muse) serf, if anyfing;
which rank I pull.

58

Industrioso, afable, con la cabeza a toda mecha,
Henry se desconcertaba; algunos lo dejaban;
las buenas chicas se dejaban;
la geografía dificultaba la amistad, Señor;
los matrimonios palidecían y languidecían, agonizaban; carestía
de grupos y de todo lo que había;

esplendor y derrotas crecían de igual modo,
Señor. Se le endureció el corazón, y no logró sonreir,
al darse (*enfint*)[103] cuenta.
La ley: es preciso, debido sobre todo a la vergüenza
que sazona nuestro orgullo, minimizar lo que hicimos. Una milla,
una milla hasta Avalon.

Pomposo y perezoso, tembloroso, haciendo rugir
las levas de ultramar, dejó de preguntarse:
el misterio es absoluto.
Señor, dadme calma. Yo feudal oh, yo un sirviente
(Musa varón) de antaño, si acazo;
de su autoridad abuso.

59
Henry's Meditation in the Kremlin

Down on the cathedrals, as from the Giralda
in a land no crueller, and over the walls
to domes & river look
from Great John's belfry, Ivan-Veliky,
whose thirty-one are still
to hail who storms no father's throne. Bell, book

& candle rule, in silence. Hour by hour
from time to time with holy oil
touch yet the forehead eyelids nose
lips ears breast fists of Krushchev, for Christ knows
poor evil Kadar, cut, is back in power.
Boils his throne. The moujik kneels & votes.

South & east of the others' tombs—where? why,
in Arkhanghelsky, on the Baptist's side,
lies Brother Jonas (formerly Ivan the Terrible),
where Brother Josef came with his fiend's heart
out of such guilt it proved all bearable,
and Brother Nikita will come and lie.

59
La meditación de Henry en el Kremlin

Desde las catedrales, como desde la Giralda[104]
en una tierra no más cruel, y sobre las murallas
hacia las cúpulas y el río mira
desde el campanario de Iván el Grande, Ivan-Veliky,[105]
cuyas treinta y una siguen dispuestas
a aclamar a quien ningún trono paterno asalta ya. Campana, libro

y cirio reinan en silencio. Hora tras hora
de vez en cuando con santos óleos
toca aún la frente párpados nariz
labios orejas pechos puños de Jruschov,[106] pues sabe Dios
que el pobre diablo de Kádár,[107] rebajado, ha vuelto al poder.
Bulle su trono. El mujik se arrodilla y vota.

Al sur y al este de las otras tumbas… ¿dónde? vaya,
en Arjánguelski,[108] del lado del Bautista,
yace el Hermano Jonás (antes Iván el Terrible),[109]
donde el Hermano Josef[110] acudió con su infernal corazón
con tal culpa que demostró que todo era soportable,
y el Hermano Nikita acudirá y descansará.

60

Afters eight years, be less dan eight percent,
distinguish' friend, of coloured wif de whites
in de School, in de Souf.
—Is coloured gobs, is coloured officers,
Mr Bones. Dat's nuffin? —Uncle Tom,
sweep shut yo mouf,

is million blocking from de proper job,
de fairest houses & de churches eben.
—You may be right, Friend Bones.
Indeed you is. Dey flyin ober de world,
de pilots, ober ofays. Bit by bit
our immemorial moans

brown down to all dere moans. I flees that, sah.
They brownin up to ourn. Who gonna win?
—I wouldn't *pre*dict.
But I do guess mos peoples gonna *lose*.
I never saw no pinkie wifout no hand.
O my, without no hand.

60

Pasados ocho años,[111] son menos der ocho por ciento,
distinguío amigo, los de color entre los blancos
en l'escuela, en er sur.
—Es marinería de color, son oficiales de color,
Sr. Huesos. ¿Nos ná acaso? —Tú, lameculos
de blancos, cállate la boca,

son millones impedíos dun trabajo decente,
de las mejores casas y hasta de las iglesias.
—Pué que tengas razón, amigo Huesos.
Desde luego ques asín. Volan sobrer mundo,
los pilotos, sobre los blanquitos. Poco a poco
nuestros inmemoriales lamentos

destiñen y son como los suyos. Yo me piro deso, señó.
Ellos los tiñen pa ser como los nuestros. ¿Quién ganará?
—No sabría *pre*decirlo.
Pero supongo que saldrán *perdiendo* casi todos.
Jamás vi un meñique[112] así sin mano.
Qué cosas, así sin mano.

61

Full moon. Our Narragansett gales subside
and the land is celebrating men of war
more or less, less or more.
In valleys, thin on headlands, narrow & wide
our targets rest. In us we trust. Far, near,
the bivouacs of fear

are solemn in the moon somewhere tonight,
in turning time. It's late for gratitude,
an annual, rude
roar of a moment's turkey's 'Thanks'. Bright & white
their ordered markers undulate away
awaiting no day.

Away from us, from Henry's feel or fail,
campaigners lie with mouldered toes, disarmed,
out of order,
with whom we will one. The war is real,
and a sullen glory pauses over them harmed,
incident to murder.

61[113]

Luna llena. Amainan nuestros temporales de Narragansett
y el país celebra a los hombres de guerra
más o menos, menos o más.
En los valles, escasos en los collados, juntos y separados
descansan nuestros objetivos. En nosotros confiamos.[114] Lejos, cerca,
los vivacs del miedo

solemnes bajo la luna en algún lugar esta noche,
en un momento decisivo. Es tarde para la gratitud,
el anual, tosco
clamor del «Gracias» pasajero del pavo. Brillantes y blancas
sus balizas ordenadas se alejan ondulando
sin esperar al día.

Lejos de nosotros, del sentir o el fracaso de Henry,
los combatientes yacen con los pies podridos, desarmados,
sin orden,
con los que seremos uno. La guerra es real,
y sobre los malheridos se detiene una sombría gloria,
inherente al asesinato.

62

That dark brown rabbit, lightness in his ears
& underneath, gladdened our afternoon
munching a crab-'.
That rabbit was a fraud, like a black bull
prudent I admired in Zaragoza, who
certainly was brave as a demon

but would not charge, being willing not to die.
The rabbit's case, a little different,
consisted in alert
& wily looks down the lawn, where nobody was,
with prickt ears, while rapt but chatting on the porch
we sat in view nearby.

Then went he mildly by, and around behind
my cabin, and when I followed, there he just sat.
Only at last
he turned down around, passing my wife at four feet
and hopped the whole lawn and made thro' the hedge for the big
                                                                         [house.
—Mr Bones, we all brutes & fools.

62

Ese conejo marrón oscuro, más claro en las orejas
y por debajo, nos alegró la tarde
mordisqueando una manzana...
Ese conejo era un farsante, como un toro negro
prudente que admiré en Zaragoza, y que
sin duda era valiente como un demonio

pero se negaba a embestir, pues no deseaba morir.
El caso del conejo, un tanto diferente,
consistía en miradas
de alerta y astucia por el césped, en donde no había nadie,
con las orejas tiesas, mientras embelesados pero charlando
en la entrada nos sentábamos bien a la vista.

Luego pasó suavemente, y desapareció en torno
a mi cabaña, y cuando lo seguí, estaba sin más allí sentado.
Sólo al final
dio media vuelta, pasó a un metro de mi mujer
y brincó por todo el césped y se coló por el seto hacia la casa
[grande.
—Sr. Huesos, brutos e idiotas somos todos.

63

Bats have no bankers and they do not drink
and cannot be arrested and pay no tax
and, in general, bats have it made.
Henry for joining the human race is *bats*,
known to be so, by few them who think,
out of the cave.

Instead of the cave! ah lovely-chilly, dark,
ur-moist his cousins hang in hundreds or swerve
with personal radar,
crisisless, kid. Instead of the cave? I serve,
inside, my blind term. Filthy four-foot lights
reflect on the whites of our eyes.

He then salutes for sixty years of it
just now a one of valor and insights,
a theatrical man,
O scholar & Legionnaire who as quickly might
have killed as cast you. *Olè*. Stormed with years
he tranquil commands and appears.

63

Los murciélagos no tienen banqueros y no beben
y no pueden ser arrestados y no pagan impuestos
y, en general, los murciélagos lo tienen hecho.
Henry por unirse a la raza humana está *murciélago*,[115]
con fama de estar así, entre los pocos que piensan,
fuera de la cueva.

¡En lugar de la cueva! ah encantadoramente fría, oscura,
super-húmedos sus primos cuelgan por cientos o viran
según su radar personal,
sin crisis, chaval. ¿En lugar de la cueva? Yo cumplo,
por dentro, mi ciega condena. Sucias luces de un metro
se reflejan en el blanco de nuestros ojos.

Él entonces saluda tras esos sesenta años
justo ahora a uno de valor y perspicacia,
un hombre teatral,
oh erudito y legionario que tan pronto podría
haberte matado como asignado un papel. Olé. Atacado de años
serenamente da órdenes y actúa.

64

Supreme my holdings, greater yet my need,
thoughtless I go out.   Dawn.   Have I my cig's,
my flaskie O,
O crystal cock,—my kneel has gone to seed,—
and anybody's blessing? (Blast the MIGs
for making fumble so

my tardy readying.) Yes, utter' that.
Anybody's blessing? —Mr Bones,
you makes too much
démand. I might be 'fording you a hat:
it gonna rain. —I knew a one of groans
& greed & spite, of a crutch,

who thought he had, a vile night, been—well—blest.
He see someone run off. Why not Henry,
with his grasp of desire?
—Hear matters hard to manage at de best,
Mr Bones. Tween what we see, what be,
is blinds. Them blinds' on fire.

64

Supremos mis bienes, mayor con todo mi necesidad,
sin pensarlo dos veces salgo. Amanecer. ¿Tengo mis pitis,
mi petaquita oh,
oh, engatillado cristal, –se echó a perder mi arrodillarse–,
y la bendición de alguien? (Malditos los MIGs
por meter la pata, de ahí

mi tardanza en prepararme). Sí, dije eso.
¿La bendición de alguien? –Sr. Huesos,
planteas demasiadas
exigencias. Quizás t'agencie un sombrero:
va a llover. –Conocí a uno de quejas
y codicia y rencor, de una muleta,

que pensaba que había sido, una noche vil... bueno... bendecío.
Ve salir corriendo a alguien. ¿Por qué no Henry,
con todo lo que sabe del deseo?
–Sé de cuestiones complicás de manejar cuanto menos,
Sr. Huesos. Entre lo que vemos, lo que es,
una cortina. Sus cortinas tan ardiendo.

65

A freaking ankle crabbed his blissful trips,
this whisky tastes like California
but is Kentucky,
like Berkeley where he truly worked at it
but nothing broke all night—no fires—one dawn,
crowding his luck,

flowed down along the cliffs to the Big Sur
where Henry Miller's box is vomit-green
and Henry bathed in sulphur
lovely, hot, over the sea, like Senator
Cat, relaxed & sober, watery
as Tivoli, sir.

No Christmas jaunts for fractured cats. Hot dog,
the world is places where he will not go
this wintertide or again.
Does Striding Edge block wild the sky as then
when Henry with his mystery was two
& twenty, high on the hog?

65

Un puñetero tobillo torció sus idílicos viajes,
este *whisky* sabe a California
pero es Kentucky,
igual que Berkeley donde lo intentó en serio
pero nada surgió en toda la noche... ni una chispa; un amanecer,
acosando a su suerte,

fluyó a lo largo de los acantilados hacia el Big Sur
donde el buzón de Henry Miller es de un verde vómito
y Henry se bañaba en azufre
a gusto, caliente, sobre el mar, como un senador
Gato, relajado y sobrio, acuático
como Tívoli, señor.

Nada de escapadas navideñas para gatos[116] fracturados. Caray,
el mundo son los lugares a los que no irá
esta invernada o nunca más.
¿Bloquea agreste Striding Edge[117] el cielo como
cuando Henry con su misterio tenía veinte
y dos, y vivía a todo tren?

66

'All virtues enter into this world:')
A Buddhist, doused in the street, serenely burned.
The Secretary of State for War,
winking it over, screwed a redhaired whore.
Monsignor Capovilla mourned. What a week.
A journalism doggy took a leak

against absconding coon ('but take one virtue,
without which a man can hardly hold his own')
the sun in the willow
shivers itself & shakes itself green-yellow
(Abba Pimen groaned, over the telephone,
when asked what that was:)

How feel a fellow then when he arrive
in fame but lost? but affable, top-shelf.
Quelle sad semaine.
He hardly know his selving. ('that a man')
Henry grew hot, got laid, felt bad, survived
('should always reproach himself'.

66

«Todas las virtudes participan de este mundo:»)
Un budista, rociado en la calle, ardía serenamente.[118]
El secretario de Estado para la Guerra,
echando una cana al aire, se tiró a una puta pelirroja.[119]
Monsignor Capovilla guardaba luto.[120] Vaya semana.
Un perro periodismo se meó

en unos conguitos fugados («pero escoge una virtud,
sin la cual un hombre apenas pueda sostenerse»)
el sol en el sauce
se tiembla y se sacude en verde y amarillo
(el abad Pimen[121] gruñó, al otro lado del teléfono,
cuando se le preguntó cuál era:)

¿Cómo se siente un tipo entonces cuando se hace
famoso pero está perdido? pues afable, de primera.
Quelle triste semaine.
Apenas conoce su serse. («que un hombre»)
Henry se calentó, pilló, se sintió mal, sobrevivió
(«siempre debe hacerse reproches a sí mismo».

67

I don't operate often. When I do,
persons take note.
Nurses look amazed. They pale.
The patient is brought back to life, or so.
The reason I don't do this more (I quote)
is: I have a living to fail–

because of my wife & son–to keep from earning.
–Mr Bones, I sees that.
They for these operations thanks you, what?
not pays you. –Right.
You have seldom been so understanding.
Now there is further a difficulty with the light:

I am obliged to perform in complete darkness
operations of great delicacy
on my self.
–Mr Bones, you terrifies me.
No wonder they don't pay you. Will you die?
–My
              friend, I succeeded. Later.

67

No opero a menudo. Cuando lo hago,
las personas prestan atención.
Las enfermeras alucinan. Palidecen.
El paciente resucita, más o menos.
La razón de que no haga esto más (cito)
es: tengo una vida por fracasar

−por mi mujer e hijo− para no ganar más.
−Sr. Huesos, ya veo.
Por esas operaciones te dan las gracias, ¿no?
no te pagan. −Correcto.
Pocas veces has sido tan comprensivo.
Hay ahora una dificultad añadida con la luz:

se me obliga a realizar en completa oscuridad
operaciones de gran delicadeza
a mí mismo.
−Sr. Huesos, me aterrorizas.
No me extraña que no te paguen. ¿Morirás?
−Amigo
                mío, tuve éxito. Adiós.

68

I heard, could be, a Hey there from the wing,
and I went on: Miss Bessie soundin good
that one, that night of all,
I feelin fair myself, taxes & things
seem to be back in line, like everybody should
and nobody in the snow on call

so, as I say, the house is givin hell
to *Yellow Dog*, I blowin like it too
and Bessie always do
when she make a very big sound—after, well,
no sound—I see she totterin—I cross which stage
even at Henry's age

in 2-3 seconds: then we wait and see.
I hear strange horns, Pinetop he hit some chords,
Charlie start *Empty Bed*,
they all come hangin Christmas on some tree
after trees thrown out—sick-house's white birds',
black to the birds instead.

68

Escuché, podría ser, un Ey hola entre bastidores,
y proseguí: la Bessie[122] sonaba bien
en aquella, aquella noche entre todas,
yo me sentía estupendo, impuestos y demás
parecían volver a estar en orden, como tol mundo
debería y nadie bajo la nieve de servicio

así que, como digo, el público enloquece
con *Yellow Dog*,[123] yo toco así también
y Bessie siempre lo hace
al cantar con mucha voz: después, bueno,
nada de voz... la veo tambalearse... tal escenario cruzo
incluso a la edad de Henry

en 2-3 segundos: entonces esperamos y vemos.
Escucho extrañas bocinas, Pinetop[124] se marca unos acordes,
Charlie[125] empieza *Empty Bed*,[126]
vienen todos a colgar la Navidad de algún árbol
tras los árboles tirados; los sanatorios son de pájaros blancos,
los negros migajas de los pájaros en cambio.[127]

69

Love her he doesn't but the thought he puts
into that young woman
would launch a national product
complete with TV spots & skywriting
outlets in Bonn & Tokyo
I mean it

Let it be known that nine words have not passed
between herself and Henry;
looks, smiles.
God help Henry, who deserves it all
every least part of that infernal & unconscious
woman, and the pain.

I feel as if, unique, she... Biddable?
Fates, conspire.
—Mr Bones, *please*.
—Vouchsafe me, Sleepless One,
a personal experience of the body of Mrs Boogry
before I pass from lust!

69

Amarla no la ama pero los pensamientos
que dedica a esa joven
lanzarían un producto nacional
con anuncios de TV y publicidad aérea
puntos de venta en Bonn y Tokio
lo digo en serio

Que se sepa que ni nueve palabras se han cruzado
ella y Henry;
miradas, sonrisas.
Que Dios ayude a Henry, que todo lo merece
cada mínima parte de esa infernal e inconsciente
mujer, y el dolor.

Es como si, única, ella… ¿Sumisa?
Parcas, confabulad.
—Sr. Huesos, *por favor*.
—¡Concédeme, oh Insomne,
sentir personalmente el cuerpo de la Srta. Boogry
antes de que el deseo me haga desfallecer!

70

Disengaged, bloody, Henry rose from the shell
where in their racing start his seat got wedged
under his knifing knees,
he did it on the runners, feathering,
being bow, catching no crab. The ridges were sore
& tore chamois. It was not done with ease.

So Henry was a hero, malgré lui,
that day, for blundering; until & after the coach
said this & which to him.
That happy day, whenas the pregnant back
of Number Two returned, and he'd no choice
but to make for it room.

Therefore he rowed rowed rowed. They did not win.
Forever in the winning & losing since
of his own crew, or rather
in the weird regattas of this afterworld,
cheer for the foe. He set himself to time
the blue father.

70

Retirado, ensangrentado, Henry surgió del casco
en donde a la salida de la carrera se le trabó el asiento
bajo las acuchillantes rodillas,
la hizo sobre las guías, el remo horizontal,
inclinado, sin fallar nunca. Las aristas dolían
y rasgaron gamuza. No se hizo con soltura.

Así que Henry fue un héroe, malgré lui,[128]
aquel día, por ir a trancas; antes y después el entrenador
le dijo esto y lo otro.
Aquel día feliz, aunque retrocediera la espalda
elocuente de Número Dos, y él no tuviera más remedio
que hacerle sitio.

Así que remó remó remó. No ganaron.
Desde entonces siempre en el triunfo y la derrota
de su propia tripulación, o mejor dicho
en las raras regatas de su más allá,
aclama a su rival. Se propuso cronometrar
al padre triste.[129]

71

Spellbound held subtle Henry all his four
hearers in the racket of the market
with ancient signs, infamous characters,
new rhythms. On the steps he was beloved,
hours a day, by all his four, or more,
depending. And they paid him.

It was not, so, like no one listening
but critics famed & Henry's pals or other
tellers at all
chiefly in another country. No.
He by the heart & brains & tail, because
of their love for it, had them.

Junk he said to all them open-mouthed.
Weather wóuld govern. When the monsoon spread
its floods, few came, two.
Came a day when none, though he began
in his accustomed way on the filthy steps
in a crash of waters, came.

71

Embelesados tenía el sutil Henry a sus cuatro
oyentes entre el barullo del mercado
con antiguas señales, infames personajes,
nuevos ritmos. En la escalinata le adoraban,
por horas cada día, sus cuatro, o más,
depende. Y le pagaban.

No era, pues, como si nadie le escuchara
salvo célebres críticos y colegas de Henry u otros
narradores en realidad
sobre todo en otro país. No.
Del corazón y la cabeza y del rabo, por su
pasión por estas cosas, los tenía atrapados.

Bazofia les soltaba a todos boquiabiertos.
El clima acabaría dominando. Cuando el monzón
desplegó sus diluvios, pocos acudieron, dos.
Llegó un día en que ninguno, pese a empezar
de forma acostumbrada sobre los sucios escalones
en medio de un estruendo de agua, vino.

72
The Elder Presences

Shh! on a twine hung from disastered trees
Henry is swinging his daughter. They seem drunk.
Over across them look out,
tranquil, the high statues of the wise.
Her feet peep, like a lady's in sleep sunk.
That which this scene's about–

he pushes violent, his calves distend,
his mouth is open with effort, so is hers,
in the Supreme Court garden,
the justices lean, negro, out, the trees bend,
man's try began too long ago, with chirrs
& leapings, begging pardon–

I will deny the gods of the garden say.
Henry's perhaps to break his burnt-cork luck.
I further will deny
good got us up that broad shoreline. Greed may
like a fuse, but with the high shore we is stuck,
whom they overlook. Why,–

72
Las ancianas presencias

¡Shh! en un cordel colgado de desastrados árboles
Henry columpia a su hija. Parecen borrachos.
Desde el otro lado vigilan,
calmas, las altas estatuas de los sabios.[130]
Le asoman los pies, como a una dama vencida por el sueño.
Eso de lo que trata esta escena…

él empuja violento, las pantorrillas tensas,
la boca abierta por el esfuerzo, y también la de ella,
en el jardín de la Corte Suprema,
los jueces se asoman, negro, afuera, los árboles se doblan,
el proceso del hombre comenzó hace demasiado, con chirridos
y saltos, rogando perdón…

Negaré lo que digan los dioses del jardín.
Henry quizá está a punto de perder su suerte de corcho quemado.
Y seguiré negando
que la bondad nos sacara de ese amplio litoral. La codicia quizás
como una espoleta, pero con la alta costa tamos atrapados,
a quienes dejan de lado. Vaya…

73
Karesansui, Ryoan-ji

The taxi makes the vegetables fly.
'Dozo kudasai,' I have him wait.
Past the bright lake up into the temple,
shoes off, and
my right leg swings me left.
I do survive beside the garden I

came seven thousand mile the other way
supplied of engines all to see, to see.
Differ them photographs, plans lie:
how big it is!
austere a sea rectangular   of sand by the oiled mud wall,
and the sand is not quite white: granite sand, grey,

–from nowhere can one see *all* the stones–
but helicopters or   a Brooklyn reproduction
will fix that–

and the fifteen changeless stones in their five worlds
with a shelving of moving moss
stand me the thought of the ancient maker priest.
Elsewhere occurs–I remembers–loss.
Through awes & weathers neither it increased
nor did one blow of all his stone & sand thought die.

73
Karesansui, Ryoan-ji[131]

El taxi hace que vuelen las verduras.
«Dozo kudasai»,[132] le pido que me espere.
Más allá del lago brillante hacia el templo,
zapatos fuera, y
la pierna derecha me empuja hacia la izquierda.
Sobrevivo junto al jardín al que

llegué desde siete mil millas al otro lado
abastecido de motores sólo para ver, para ver.
Difieren las fotografías, los planos mienten:
¡qué grande es!
austero un mar rectangular   de arena junto al muro embreado,
y una arena no del todo blanca: arena de granito, gris,

–desde ningún sitio puede uno ver todas las piedras:
aunque los helicópteros o   una reproducción en Brooklyn
lo remediarán–

y las quince inalterables piedras y sus cinco mundos
con una pendiente de musgo en movimiento
me presentan la idea del antiguo monje creador.
En otras partes se suceden –recuerdo– las pérdidas.
A lo largo de temores e inclemencias ni se incrementó
ni tampoco un solo soplo de toda esta idea de piedra y arena se
                                        [extinguió.

74

Henry hates the world. What the world to Henry
did will not bear thought.
Feeling no pain,
Henry stabbed his arm and wrote a letter
explaining how bad it had been
in this world.

Old yellow, in a gown
might have made a difference, 'these lower beauties',
and chartreuse could have mattered

"Kyoto, Toledo,
Benares—the holy cities—
and Cambridge shimmering do not make up
for, well, the horror of unlove,
nor south from Paris driving in the Spring
to Siena and on…"

Pulling together Henry, somber Henry
woofed at things.
Spry disappointments of men
and vicing adorable children
miserable women, Henry mastered, Henry
tasting all the secret bits of life.

74

Henry odia al mundo. Lo que el mundo a Henry
le hizo es que no puede ni pensarse.
Al no sentir dolor,
Henry se apuñaló el brazo y escribió una carta
explicando lo mal que lo había pasado
en este mundo.

De un amarillo viejo, con un vestido
podrían haber marcado la diferencia, «estas bellezas inferiores»,
y el chartreuse podría haber tenido importancia

«Kioto, Toledo,
Benarés —las ciudades sagradas—
y la resplandeciente Cambridge no compensan,
bueno, el horror del desamor,
tampoco conducir al sur de París en primavera
hacia Siena y más allá…».

Recobrada Henry la compostura, un lúgubre Henry
le ladraba a las cosas.
A vivaces decepciones de hombres
y a mujeres miserables que a adorables
niños corrompían, Henry los dominaba, Henry
probaba cada secreto pedazo de la vida.

75

Turning it over, considering, like a madman
Henry put forth a book.
No harm resulted from this.
Neither the menstruating   stars (nor man) was moved
at once.
Bare dogs drew closer for a second look

and performed their friendly operations there.
Refreshed, the bark rejoiced.
Seasons went and came.
Leaves fell, but only a few.
Something remarkable about this
unshedding bulky bole-proud blue-green moist

thing made by savage & thoughtful
surviving Henry
began to strike the passers from despair
so that sore on their shoulders old men hoisted
six-foot sons and polished women called
small girls to dream awhile toward the flashing & bursting tree!

75

Pasando página, a fin de cuentas, como un loco
Henry produjo un libro.
Esto no ocasionó daño alguno.
Ni las menstruantes   estrellas (ni el hombre) se emocionaron
de inmediato.
Simples perros se acercaron a echar otro vistazo

y realizaron allí sus operaciones amistosas.
Renovado, el ladrido se regocijó.
Las estaciones vinieron y se fueron.
Las hojas se cayeron, pero sólo unas pocas.
Alguna cosa excepcional de esta
cosa inmudable gruesa de tronco orgulloso verdeazulada húmeda

hecha por el salvaje y reflexivo
sobreviviente Henry
empezó a suprimir la desesperación de los transeúntes
de modo que viejos de hombros doloridos auparon
hijos de metro ochenta y refinadas mujeres alentaron
a chiquillas a soñar un rato hacia el árbol luminoso y rebosante.

76
Henry's Confession

Nothin very bad happen to me lately.
How you explain that? —I explain that, Mr Bones,
terms o' your bafflin odd sobriety.
Sober as man can get, no girls, no telephones,
what could happen bad to Mr Bones?
—*If* life is a handkerchief sandwich,

in a modesty of death I join my father
who dared so long agone leave me.
A bullet on a concrete stoop
close by a smothering southern sea
spreadeagled on an island, by my knee.
—You is from hunger, Mr Bones,

I offers you this handkerchief, now set
your left foot by my right foot,
shoulder to shoulder, all that jazz,
arm in arm, by the beautiful sea,
hum a little, Mr Bones.
—I saw nobody coming, so I went instead.

76
La confesión de Henry

Ná demasiado malo me pasa últimamente.
¿Cómo te lo explicas? —Lo explico, Sr. Huesos,
en base a tu asombrosamente rara sobriedad.
Lo más sobrio posible, sin chicas, sin teléfonos,
¿qué podría pasarle al Sr. Huesos?
—*Si* la vida es un sándwich de pañuelos,

en un pudor de muerte me uno a mi padre[133]
que se atrevió hace tanto a abandonarme.[134]
Una bala en una escalinata de cemento
muy cerca de un asfixiante mar sureño
despatarrado en una isla, por mi rodilla.
—Lo tuyo es de ansias, Sr. Huesos,

te ofresco este pañuelo, ahora coloca
tu pie izquierdo junto a mi pie derecho,
hombro con hombro, toda esa cantinela,
brazo con brazo, junto al hermoso mar,[135]
tararea un poco, Sr. Huesos.
—No vi que nadie viniera, así que me fui yo.

77

Seedy Henry rose up shy in de world
& shaved & swung his barbells, duded Henry up
and p.a.'d poor thousands of persons on topics of grand
moment to Henry, ah to those less & none.
Wif a book of his in either hand
he is stript down to move on.

—Come away, Mr Bones.

—Henry is tired of the winter,
& haircuts, & a squeamish comfy   ruin-prone proud
[national
      mind,   & Spring (in the city so called).
Henry likes Fall.
Hé would be prepared to líve in a world of Fáll
for ever, impenitent Henry.
But the snows and summers grieve & dream;

thése fierce & airy occupations, and love,
raved away so many of Henry's years
it is a wonder that, with in each hand
one of his own mad books and all,
ancient fires for eyes, his head full
& his heart full, he's making ready to move on.

77

Henry el sórdido se alzó tímido en er mundo
y se afeitó y blandió sus pesas, atusó a Henry
y altavoceó a mil pobres personas con temas de gran
importancia para Henry, ah de escasa y nula para ellas.
Con un libro suyo en cada mano
se le desnuda para que siga adelante.

−Apártate, Sr. Huesos.

−Henry está cansado del invierno,
y de los cortes de pelo, y de la remilgada comodona   ruinosa
                                              [orgullosa mentalidad
    nacional,   y de la primavera (así llamada en la ciudad).
A Henry le gusta el otoño.
Estaría dispuesto a vivir en un mundo de otoño
para siempre, el impenitente Henry.
Mas las nieves y los veranos penan y sueñan;

estas feroces y displicentes ocupaciones, y el amor,
se llevaron en un delirio tantos años de Henry
que es un milagro que, en cada mano
uno de sus disparatados libros y demás,
antiguas llamas por ojos, con la cabeza rebosante
y el corazón rebosante, se disponga a seguir adelante.

Notas

1 Recogida en Robert Lowell, *Collected Prose*, FSG, 1987, pp. 107-108. La traducción, al igual que la del resto de citas del libro, es mía.
2 En *The Situation of Poetry: Contemporary Poetry and Its Traditions*, Princeton UP, 1976.
3 En *The Given and the Made: Strategies of Poetic Redefinition*, Harvard UP, 1995.
4 Lamentaciones 3, 57.
5 Epígrafe de *Tambor y Huesos: una historia de los espectáculos norteamericanos de minstrel* de Carl Wittke. La cita anuncia tanto el uso en los poemas del dialecto de los afroamericanos de manera análoga al maquillaje teatral de los espectáculos de *minstrel* en Estados Unidos como a uno de los personajes del libro: Mr Bones, o Señor Huesos, de nombre idéntico a uno de los personajes habituales de estos espectáculos (uno de ellos toca el tambor, el otro los huesos).
6 Escritora, pacifista y activista sudafricana (1855-1920). La frase pertenece a su libro *Historia de las granjas africanas*.
7 Es un día de elecciones, y por tanto están cerrados todos los bares.
8 El juego de palabras es intraducible: «Poll» es una votación, un «poll-cat» alude a los grupos de presión generalmente cercanos al partido republicano o a la extrema derecha que acuden a las encuestas para polarizar al electorado con temas polémicos y no asuntos de importancia real. Es una deformación de «polecat» (una mofeta). Otros autores indican que

puede referirse a las sufragistas. En ambos casos, el «hurra, hurra» es irónico. El «hoyo» del siguiente verso, además de aludir críticamente al desprecio y a la poca incidencia real del voto negro, juega con la acepción de «madriguera» e incluso de «agujero», estableciendo un chiste obsceno con el «pole» (mástil, poste) del verso anterior.

9 Así decía Swinburne de la *Justine* del marqués de Sade.
10 Elementos habitualmente usados por Swinburne, sadista declarado.
11 Un comentario que Berryman anotó en su diario en 1955, pronunciado al parecer por una chica llamada Susan.
12 Berryman acudió a una fiesta de Nochevieja en 1948. Allí conoció a una mujer neurótica que anunció con orgullo que ansiaba decirle tal cosa al escritor Delmore Schwartz, amigo de Berryman.
13 Primer ministro checo, Klement Gottwald (1896-1953), líder del partido comunista.
14 Joseph McCarthy, senador republicano, famoso por su cruzada anticomunista en los años 50.
15 La imagen se pierde ligeramente en la traducción: Henry se refleja en un espejo («glass») a cierta distancia del vaso (también «glass») que está bebiendo.
16 Michel Guillaume St. Jean de Crévecoeur, autor de *Cartas de un granjero americano* (1782).
17 En *El coloquio de los perros* de Cervantes se dice de la bruja Camacha de Montilla: «Esto de hacer nacer berros en una artesa era lo menos que ella hacía, ni el hacer ver en un espejo, o en la uña de una criatura, los vivos o los muertos que le pedían que mostrase».
18 Wells, ciudad de Inglaterra famosa por su catedral de columnas (capiteles) decoradas, entre otras cosas, con motivos vegetales. Wells es también una pequeña ciudad de Vermont cerca de la frontera con el estado de Nueva York.

19 Ethan Allen: uno de los padres fundadores del estado de Vermont, líder de los Green Mountain Boys, una organización militar formada a finales del siglo XVIII en el territorio entre New Hampshire y Nueva York que se convertiría en Vermont. Berryman creía ser su descendiente y se identificaba con su rebeldía.
20 El ciego: Milton, autor de *El paraíso perdido*.
21 Henry Porter y John Day, dramaturgos del siglo XVI. El segundo asesinó al primero en 1599. Porter había escrito una comedia llamada *Las dos mujeres furiosas de Abingdon*. Como señala Haffenden (*John Berryman: A Critical Commentary*, 1980), Berryman se identificaba con él al convivir con dos mujeres enfadadas, su madre (enfadada con las infidelidades y el suicidio de su marido) y su propia mujer (enfadada con su infidelidad). Day, asesino de «Henry» Porter, se identifica así con su padre, John Allyn Smith.
22 No Eneas el héroe clásico, sino Eneas Silvio Bartolomeo, el papa Pio II (1405-1464).
23 Abelardo (profesor, amante, marido de Eloísa) acabaría siendo castrado.
24 Película de John Ford, protagonizada por Warner Baxter y Gloria Stuart, estrenada en 1936. Paul Muni no aparece en los créditos de la película.
25 Referencia a la película *El secreto de vivir* (*Mr Deeds Goes to Town*) de Frank Capra, 1936. Todos los títulos siguientes son películas de la época.
26 Hoot Gibson, campeón de rodeo y actor estadounidense.
27 William S. Hart, actor de cine mudo, estrella del género del wéstern.
28 Vaquero detective, personaje del escritor W. C. Tuttle.
29 El poema mezcla la realidad con las escenas finales de la película *El último refugio* (1941), protagonizada por H. Bogart.
30 En el original, hay un juego de palabras entre «rut» (surco o

rodadura) y «rut» (celo), que presagia el posterior desarrollo desde lo funesto hacia lo erótico del poema.

31 Fallida y mortal expedición al Ártico en globo en 1897 por parte de S. A. Andrée, Knut Fraenkel y Nils Strindberg.

32 Juego de palabras en el original: el cuerpo estaba literalmente «rocked», bajo unas piedras.

33 Puesto que ya están muertos, no pueden hacerles daño ni los osos ni el tiempo (ya que están, además, conservados por el hielo).

34 En francés, «tus extraños ojos me siguen».

35 Una «kirk» es concretamente una iglesia de Escocia, de confesión presbiteriana.

36 Berryman escribió el poema tras ver la película *La Sorcière* (1955), protagonizada por Marina Vlady y Maurice Ronet.

37 Juego de palabras difícilmente traducible: *wag* significa tanto «meneo» (en este caso, el del rabo del perro) como «payaso, burlón, bromista». Henry se identifica con el meneo del rabo del perro: a diferencia del perro, Henry carece de la capacidad de experimentar el simple placer de corretear por el paisaje; lo que solía hacerle feliz ha desaparecido, sólo queda la agitación en sí: Henry no es el perro sino el gesto incorporeo, la agitación del aire, rápidamente olvidada.

38 Estación ferroviaria de Calcuta, India.

39 Hermano Martin: ¿Martin Lutero? ¿Martin Luther King?; san Simón el Nuevo Teólogo (949-1022), uno de los santos teólogos de la iglesia ortodoxa; Bodhidharma, moje hindú del siglo VI, vigesimo octavo patriaca del budismo; Baal Shem Tov, «Maestro del divino nombre» en hebreo: Israel Ben Eliezer, rabino judio del siglo XVIII fundador del judaísmo jadísico.

40 «Strut», además de un andar pomposo («pavonearse») se refiere a una marcha fúnebre tradicional del *jazz* de Nueva Orleans.

41 Cárcel de Stillwater, en Minnesota. Berryman tenía un espejo que había pertenecido previamente a un asesino llamado Axelrod, preso en esa cárcel.
42 San Pablo, Epístola a los romanos 5, 20.
43 Parece ser que se refiere a Pound, aunque en St. Elizabeth's no estaba alimentado con sonda. Lo que solía murmurar era un verso del Canto LXXXI, «Pull down thy vanity» («Humilla tu vanidad»), que se repite. Sí se sabe que, al salir del manicomio, donde había estado aproximadamente veinte años, había decidido dejar de hablar.
44 Se refiere a la oración o suplica que el sacerdote recita antes de la epístola.
45 John Adams y Thomas Jefferson, segundo y tercer presidente de los Estados Unidos, murieron el mismo día, el cuatro de julio de 1826. Las últimas palabras de Adams fueron «Thomas Jefferson sigue vivo»: ignoraba que en realidad éste había muerto algunas horas antes.
46 Diminutivo de Dwight D. Eisenhower, presidente de los Estados Unidos. Primer presidente «televisivo», el lema de su campaña fue «I like Ike».
47 West Point, academia militar a la que asistió Eisenhower.
48 Eisenhower sufrió un infarto de corazón y una operación quirúrgica motivada por su enfermedad de Crohn en 1955, un año antes de las elecciones que le darían su segundo mandato.
49 Joe: Joseph McCarthy. Strauss: Lewis Strauss, presidente de la Comision de la energía atómica. Ambos lograron anular la credencial de seguridad de Oppenheimer. El abogado de Strauss era Roger Robb (verso siguiente), que también tenía como cliente a Bernard Goldfine, un empresario bostoniano envuelto en un escándalo político.
50 Montgomery, general inglés. Él, Patton y Eisenhower fueron los generales que dirigieron a las tropas aliadas por el oeste hasta Berlín.

51 Se piensa que Eisenhower fue uno de los generales responsables de que las fuerzas aliadas permitieran a los soviéticos entrar antes que ellos en Berlín durante el final de la Segunda Guerra Mundial, cuestión que Patton siempre lamentó.
52 Carl von Clausewitz, militar prusiano autor del influyente tratado *De la Guerra*.
53 Adlai Stevenson fue el candidato a la presidencia por el partido demócrata en las elecciones de 1952 y 1956, en las que se perdió frente a Eisenhower.
54 En Asia, escalinata o graderío que conduce hasta el río donde se realizan rituales.
55 Asceta hindú.
56 Método budista de meditación.
57 Walt Whitman: «Sólo me gusta el arrullo, el rumor de tu voz asordinada» (parte quinta del *Canto de mí mismo* en la traducción de Eduardo Moga).
58 El poema está escrito en la voz de una oveja (extraviada): el «barker», un charlatán de feria, es, por tanto, literalmente en este caso un ladrador: un perro. El plural de «sheep», por cierto, es invariable, lo cual promueve que el yo lírico piense en términos colectivos e individuales alternativamente (yo/nosotros; oveja/rebaño) de la misma manera que suele hacer Henry.
59 El pastor, que tradicionalmente toca en el género pastoral la flauta (de ahí el verso 9).
60 Dos glaciaciones: la Würm, en el 110.000 a. C y la Mindel en el 580.000 a. C.
61 Figura del folklore inglés, similar a Puck.
62 Clito el Negro, lugarteniente y amigo de Alejandro Magno, criticó la influencia persa en el rey macedonio, lo que provocó una pelea entre ambos que resultó en la muerte de Clito. Arrepentido, Alejandro intentó quitarse la vida pero sus soldados se lo impidieron.

63 El poema alude al suicidio de Hemingway en 1961; tanto el padre de Hemingway como el de Berryman se suicidaron (de ahí el verso 17).

64 El poema está dirigido en su comienzo a Robert Fitzgerald, con quien Berryman compartía un taxi (verso 15) cuando se enteraron del suicidio de Hemingway. En el otoño de 1953 Berryman fue a despedir a Fitzgerald al aeropuerto al partir éste con su familia a Italia; éste último no logró conseguir un permiso para llevarse su escopeta con él, y Berryman se la quedó.

65 Jack es el padre de Berryman: John Smith.

66 Modern Language Asociation, conferencia anual de los departamentos de lenguas modernas de las universidades americanas. Se celebra después de Navidad.

67 Kay: Kay Morrison tuvo un romance con Frost, de quien era secretaria, tras la muerte de la mujer de éste.

68 Ted: Theodore Morrison, marido de Kay; Anne, su hija; Chis: Chisholm, marido de Anne.

69 Referencia a un pasaje del poema «Directriz» de Frost («y así no encuentre salvación, como dice San Marcos»), central en su poética, y que se refiere a su vez a Marcos 4, 11-12: «Él les dijo: "A vosotros se os ha dado el misterio del Reino de Dios, pero a los que están fuera todo se les presenta en parábolas, para que por mucho que miren no vean, por mucho que oigan no entiendan, no sea que se conviertan y sean perdonados"».

70 Alusión al standard de *blues Hound dog*. La canción dice: «No eres más que un chucho / deja de husmear en mi puerta / puedes menear la cola / pero no te daré de comer nunca más».

71 Famoso verso del poema «Todesfuge» de Paul Celan: «Der Tod ist ein Meister aus Deutschland». Se suele traducir como «maestro» pero Berryman elige, como J. Aníbal Campos (*Lecturas de Paul Celan*, Abada, 2017, p. 35) la palabra «experto».

El último verso del canto reescribe el verso de Celan evocando a Heine: «Tuve una vez una patria hermosa. [...] Fue un sueño».

72 Varsovia, en polaco.
73 Durante una lectura pública Berryman señaló que la voz lírica de este poema se dirige al fantasma de Odiseo (y evidentemente también a su propio padre). Hay un juego de palabras entre «mould» (molde), en referencia a ese «in my cast» del tercer verso (Berryman se rompió un tobillo y fue escayolado) y «mould» (moho, mantillo) en referencia a la muerte de su padre.
74 Término de la literatura escocesa para referirse a un bardo, un poeta.
75 Berryman sufría de lo que se pensaba que eran ataques epilépticos desde finales de 1939; fue diagnosticado por su médico en 1940. Sin embargo no le recetó medicamento alguno porque «uno podría controlar la epilepsia pero corriendo el riesgo de curarle de ser poeta».
76 Referencia, más clara en el original, a «Yo soy el que soy» (Éxodo 3, 14).
77 «Su final», en francés.
78 «Te doy para que me des», locución latina.
79 No confundir con nuestro día de los Santos Inocentes. En Estados Unidos es el 1 de abril. El día de santa María Egipcíaca (asceta que se retiró al desierto, pasando en él 47 años en soledad, tras una vida dedicada al teatro y la prostitución; ver versos 11-17) es el 1 de abril según el rito ortodoxo, el 2, según el romano.
80 El Santo Sepulcro.
81 Hemos optado por una lectura en particular. En el original, puede leerse de tres formas: que María no fue visitada por Dios en el desierto (al contrario de como sostiene la leyenda), que somos nosotros, a diferencia de ella, quienes estamos abandonados por Dios, o ambas a la vez.

82 Según Haffenden (*op. cit.*), se refiere al pasaje del pequeño apocalipsis de San Marcos. Jesús hablaba arameo, pero su palabra nos llega a través del griego de los evangelios.

83 El juego en el original tiene que ver con que en inglés un conjunto de trece unidades se denomina literalmente «una docena del panadero» (nuestro «una docena del fraile»), de ahí el salto a «¿dónde está el pan?». Hemos decidido cambiar el sentido para mantener el juego.

84 El Evangelio de San Marcos termina abruptamente con el descubrimiento de la tumba vacía de Cristo: el final canónico es una adición posterior.

85 La segunda estrofa gira en torno a la parábola de la semilla (San Marcos 4, 26) y la interpretación de la misma por parte de P. Carrington en *According to Mark: A Running Commentary on the Oldest Gospel* (1960).

86 Macbeth, barón de Cawdor, es de todo menos «desambicioso»; es precisamente la ambición lo que le hace ser lo que es.

87 Puede referirse tanto a Cristo como a Henry.

88 «Estrictamente prohibido» en alemán.

89 «Más vale un puñado de tranquilidad que dos manos llenas de fatiga y aflicción de espíritu» (Eclesiastés 4, 6).

90 Un tranquilizante. Uno de los nombres comerciales de la promazina, un antipsicótico, hoy sólo usada en el ámbito veterinario.

91 Hijo de Peleo, es decir, Aquiles.

92 T. S. Eliot, de acuerdo con el apodo que le daba Pound.

93 Saul Bellow.

94 El novelista Thomas Hardy era de corta estatura.

95 La madre de Issa (uno de los cuatro autores clásicos de haikus) murió cuando éste tenía tres años, su padre volvió a casarse con una mujer que maltrataba al niño. A los catorce años se marchó de casa.

96 «El infierno está vacío. Están aquí todos sus demonios» (*La tempestad*, acto I, escena 2).

97 Orígenes, el padre de la Iglesia, uno de los tres pilares de la teología cristiana, era de Alejandría, y se castró a sí mismo en su juventud (de ahí «amputado»). Expuso que todas las almas, por muy perdidas que estén, pueden escapar del infierno, incluído Satanás. Sostenía además que vivimos varias existencias.

98 Un «tinchel» en Escocia es un círculo de cazadores que va cerrándose sobre una o varias presas.

99 Se refiere al padre de Berryman, que observa en su bola de cristal a su hijo y a su nueva esposa, Kate Ann Donahue, con quien se casó en septiembre de 1961.

100 «Antiquus dium» en la Vulgata, referencia a un personaje identificable con Dios citado en el Libro de Daniel.

101 «No hay judío ni griego, esclavo ni hombre libre, varón ni mujer, porque todos vosotros no sois más que uno en Cristo» (Epístola de san Pablo a los gálatas 3, 28).

102 La palabra aquí para «mapache» («'coon», de «raccoon») es la misma que hemos traducido en otros poemas como «conguito», un término despectivo para referirse a los afroamericanos. En este caso posiblemente sea un juego de palabras.

103 Juego de palabras con el francés «enfin» y «enfant».

104 Berryman y su esposa Ann visitaron la Giralda en Sevilla en diciembre de 1957. Berryman anotó un bosquejo de poema bajo el título «my swing Prado Sev»: «And so it may be the patios and the gardens dreams / under the Giralda, and all's well, / and it may not be; / but   I see blood on the palms / and oranges more like blood in the   leaves // The governless blood of Spain runs upland and waits».

105 Así se llama el campanario de treinta y una campanas que se levanta en el centro del Kremlin.

106 Nikita Jruschov (1894-1971), dirigente de la Unión Soviética.

107 János Kádár (1912-1989), primer ministro húngaro de 1956 al 58 y del 61 al 65 y presidente del partido socialista húngaro hasta su muerte.

108 Catedral del Arcángel San Miguel, en el recinto del Kremlin, lugar de sepultura de los zares y príncipes rusos.
109 Iván el Terrible (1530-1584), primer zar de Rusia, se arrepintió de sus terribles actos como gobernante hacia el final de su vida, obsesionándose con la oración, el perdón y la culpa y fue rebautizado como Jonás. Fue enterrado con las ropas de un simple monje.
110 Iósif Stalin (1878-1953), dictador soviético.
111 Se refiere a ocho años pasados desde la decisión de la Corte Suprema en 1954 de declarar inconstitucionales las leyes de separación de blancos y negros en las escuelas públicas.
112 «Pinkie» (meñique) es un término ofensivo, al igual que «ofay», usado por las personas de color para referirse a las de raza blanca.
113 El contexto y escenario del canto 61 es la guerra de Corea.
114 En el original, juego de palabras entre «In God we trust» («En Dios confiamos»), lema estadounidense, y «In us we trust»/«In US we trust» («En nosotros confiamos»/«En los Estados Unidos confiamos»).
115 En inglés, «to be bats» (estar murciélago) significa estar loco.
116 Aquí, como cada vez que aparece la palabra «cat» (gato), hay que tener en cuenta que es también una palabra muy común en el vocabulario de los beatniks y el mundo del *jazz*, equivalente a *tipo* o *colega*.
117 Una cresta afilada de la estribación montañosa de Helvellyn, en el distrito inglés de Los lagos.
118 La inmolación del monje budista Thich Quang Duc el 11 de junio de 1963 en Saigón.
119 El *affair* y el escándalo que acabarían con la dimisión de John Profumo el 5 de junio de 1963.
120 Muerte del papa Juan XXIII el 3 de junio de 1963; Capovilla era su secretario.
121 Uno de los padres del desierto del siglo IV.

122 Bessie Smith, la «emperatriz del *blues*», popular cantante de los años 20 y 30.
123 Canción de *blues* cantanda, entre otros, por Bessie Smith o Louis Armstrong.
124 Pine Top Smith, pianista de *blues*.
125 Charlie Green, trombonista.
126 Uno de los *blues* más populares en la interpretación de Bessie Smith.
127 Bessie Smith murió tras un accidente de coche (de ahí las «bocinas» del verso 14) al negársele la admisión en un hospital para blancos en 1937.
128 «A su pesar», en francés.
129 Padre triste: en el manuscrito del poema, «Allyn», esto es, John Allyn Smith, su propio padre.
130 Durante algunos meses de 1964 Berryman y su familia vivieron justo en frente del edificio de la Corte Suprema en Washington D.C.
131 Templo en Kioto, Japón, contiene uno de los más famosos jardines secos (karesansui) del mundo. Berryman lo visitó en 1952.
132 «Por favor» en japonés.
133 Como se ha dicho, el padre de Berryman se suicidó; lo hizo disparándose en el pecho, de ahí la bala del verso 9.
134 El juego de palabras de «agone» (agony-a gone-ago-along) se pierde en la traducción.
135 *By the Beautiful Sea*, «Junto al hermoso mar», fue una popular canción de principios del siglo XX. Aparece, por ejemplo, en una escena de la película de Billy Wilder *Con faldas y a lo loco*.

Índice

Introducción   7
Sobre esta edición   15
Nota del autor   21

6   I
7   I
1 – *[Huffy Henry hid...]*   24
1 – [Henry el hosco ocultó]   25
2 – *Big Buttons, Cornets: the advance*   26
2 – *Botones grandes, cornetas: el avance*   27
3 – *A Stimulant for an Old Beast*   28
3 – Un estimulante para la vieja bestia   29
4 – *[Filling her compact & delicious body...]*   30
4 – [Mientras se atiborraba el cuerpo macizo...]   31
5 – *[Henry sats in de bar & was odd...]*   32
5 – [Sentose Henry en el bar y estaba raro...]   33
6 – *A Capital at Wells*   34
6 – *Un capitel en Wells*   35
7 – *'The Prisoner of Shark Island' with Paul Muni*   36
7 – *Prisionero del odio con Paul Muni*   37
8 – *[The weather was fine...]*   38
8 – [Hacía buen tiempo...]   39
9 – *[Deprived of his enemy...]*   40
9 – [Privado de su enemigo...]   41
10 – *[There were strange gatherings...]*   42
10 – [Se producían extrañas reuniones...]   43

11 – [His mother goes...]   44
11 – [Su madre va...]   45
12 – *Sabbath*   46
12 – Sabbat   47
13 – [God bless Henry...]   48
13 – [Dios bendiga a Henry...]   49
14 – [Life, friends, is boring...]   50
14 – [La vida, amigos, es aburrida...]   51
15 – [Let us suppose, valleys & such ago...]   52
15 – [Supongamos, valles mediante y hace tiempo...]   53
16 – [Henry's pelt was put on sundry walls...]   54
16 – [Colocaron de Henry el pellejo en las paredes...]   55
17 – [Muttered Henry...]   56
17 – [Murmuró Henry...]   57
18 – A Strut for Roethke   58
18 – Un *strut* para Roethke   59
19 – [Here, whence...]   60
19 – [Aquí, de donde...]   61
20 – The Secret of the Wisdom   62
20 – El secreto de la sabiduría   63
21 – [Some good people...]   64
21 – [Algunas buenas personas...]   65
22 – Of 1826   66
22 – De 1826   67
23 – The Lay of Ike   68
23 – El lay de Ike   69
24 – [Oh servant Henry lectured till...]   70
24 – [Ah Henry el sirviente disertó hasta...]   71
25 – [Henry, edged, decidedly, made up stories...]   72
25 – [Henry, agudo, sin dudar, inventaba historias...]   73
26 – [The glories of the world struck me...]   74
26 – [Las glorias mundanas me impresionaron...]   75

76 II
77 II
27 – [The greens of the Ganges delta foliate...]   78
27 – [Brotan los verdes en el delta del Ganges...]   79
28 – Snow Line   80
28 – Cota de nieve   81
29 – [There sat down, once...]   82
29 – [Se asentó allí, una vez...]   83
30 – [Collating bones: I would have liked to do...]   84
30 – [Recopilar huesos: me habría gustado hacerlo...]   85
31 – [Henry Hankovitch, con guitar...]   86
31 – [Henry Hankovitch, con guitarra...]   87
32 – [And where, friend Quo, lay you hiding...]   88
32 – [¿Y dónde, amigo Quo, te mantuviste oculto...?]   89
33 – [An apple arc'd toward Kleitos...]   90
33 – [Una manzana trazó un arco hasta Clito...]   91
34 – [My mother has your shotgun...]   92
34 – [Mi madre tiene tu escopeta...]   93
35 – MLA   94
35 – MLA   95
36 – [The high ones die, die...]   96
36 – [Los grandes mueren, mueren...]   97
37 – Three around the Old Gentleman   98
37 – Tres en torno al Anciano   99
38 – [The Russian grin bellows his condolence...]   100
38 – [La sonrisa rusa brama sus condolencias...]   101
39 – [Goodbye, sir, & fare well...]   102
39 – [Adiós, señor, y buen viaje...]   103
40 – [I'm scared a lonely...]   104
40 – [Estoy asustado de a solas...]   105
41 – [If we sang in the wood...]   106
41 – [Si cantáramos en el bosque...]   107

42 – [O journeyer, deaf in the mould, insane...] 108
42 – [Oh viajero, sordo en el molde, loco...] 109
43 – ['Oyez, oyez!' The Man Who Did Not Deliver...] 110
43 – [«¡En pie!» El Hombre Que No Cumplió...] 111
44 – [Tell it to the forest fire...] 112
44 – [Cuéntaselo al fuego del bosque...] 113
45 – [He stared at ruin...] 114
45 – [Se quedó mirando a la ruina...] 115
46 – [I am, outside. Incredible panic rules...] 116
46 – [Soy yo, afuera. Reina un pánico increíble....] 117
47 – April Fool's Day, or, St Mary of Egypt 118
47 – Día de los inocentes, o, santa María Egipcíaca 119
48 – [He yelled at me in Greek...] 120
48 – [Me gritó en griego...] 121
49 – Blind 122
49 – Ciego 123
50 – [In a motion of night...] 124
50 – [En un movimiento nocturno...] 125
51 – [Our wounds to time...] 126
51 – [Nuestras heridas al tiempo...] 127

128 III
129 III

52 – Silent Song 130
52 – Canto silencioso 131
53 – [He lay in the middle of the world...] 132
53 – [Yacía en medio del mundo...] 133
54 – ['no visitors' I thumb the roller to...] 134
54 – [Giro a «no se admiten visitas»...] 135
55 – [Peter's not friendly...] 136
55 – [Pedro no es simpático...] 137
56 – [Hell is empty. O that has come to pass...] 138
56 – [El Infierno está vacío. O habrá ocurrido...] 139

57 – [In a state of chortle sin–once he reflected...]   140
57 – [En pecado de risa –pensaba él...]   141
58 – [Industrious, affable, having brain on fire...]   142
58 – [Industrioso, afable, con la cabeza a toda mecha...]   143
59 – Henry's Meditation in the Kremlin   144
59 – La meditación de Henry en el Kremlin   145
60 – [Afters eight years...]   146
60 – [Pasados ocho años...]   147
61 – [Full moon...]   148
61 – [Luna llena...]   149
62 – [That dark brown rabbit...]   150
62 – [Ese conejo marrón oscuro...]   151
63 – [Bats have no bankers...]   152
63 – [Los murciélagos no tienen banqueros...]   153
64 – [Supreme my holdings...]   154
64 – [Supremos mis bienes...]   155
65 – [A freaking ankle crabbed his blissful trips...]   156
65 – [Un puñetero tobillo torció sus idílicos viajes...]   157
66 – ['All virtues enter into this world...]   158
66 – [«Todas las virtudes participan de este mundo...]   159
67 – [I don't operate often...]   160
67 – [No opero a menudo...]   161
68 – [I heard, could be, a Hey there from the wing...]   162
68 – [Escuché, podría ser, un Ey hola entre bastidores...]   163
69 – [Love her he doesn't but the thought he puts...]   164
69 – [Amarla no la ama pero los pensamientos...]   165
70 – [Disengaged, bloody...]   166
70 – [Retirado, ensangrentado...]   167
71 – [Spellbound held subtle Henry all his four...]   168
71 – [Embelesados tenía el sutil Henry a sus cuatro...]   169
72 – The Elder Presences   170
72 – Las ancianas presencias   171

73 – *Karesansui, Ryoan-ji*   172
73 – Karesansui, Ryoan-ji   173
74 – *[Henry hates the world...]*   174
74 – [Henry odia al mundo...]   175
75 – *[Turning it over, considering...]*   176
75 – [Pasando página, a fin de cuentas...]   177
76 – *Henry's Confession*   178
76 – La confesión de Henry   179
77 – *[Seedy Henry rose up shy in de world...]*   180
77 – [Henry el sórdido se alzó tímido en er mundo...]   181

Notas   183

www.ingramcontent.com/pod-product-compliance
Lightning Source LLC
Chambersburg PA
CBHW031428150426
43191CB00006B/442